MIO PADRE
ve lo darà
nel mio nome

Dr. Jaerock Lee

"In verità, in verità vi dico che qualsiasi cosa domanderete al Padre nel mio nome, egli ve la darà. Fino ad ora non avete chiesto nulla nel mio nome; chiedete e riceverete, affinché la vostra gioia sia completa"
(Giovanni 16:23-24).

Mio Padre ve lo darà nel mio nome
del Dott. Jaerock Lee

Pubblicato da Urim Books (Presidente: Johnny H. Kim)
73, Yeouidaebang-ro 22-gil, Dongjak-gu, Seoul, Korea
www.urimbooks.com

Tutti i diritti riservati. Questo libro o parti di esso non può essere riprodotto in nessuna forma, memorizzata in un sistema di recupero o trasmessa in qualsiasi forma e con qualsiasi mezzo, elettronico, meccanico, di fotocopiatura, registrazione o altro, senza previa autorizzazione scritta dell'editore.

Se non diversamente specificato, tutte le citazioni bibliche sono tratte dalla Sacra Bibbia, Nuova Riveduta 2006, Copyright © 1994, della Società Biblica di Ginevra. Utilizzo consentito.

Copyright © 2009 Dr. Jaerock Lee
ISBN: 979-11-263-0670-1 03230

Traduzione e revisione di Elisabetta Alicino. Utilizzato con permesso.

Precedentemente pubblicato in coreano da Urim Books nel 1990

Prima pubblicazione Febbraio 2021

A cura del Dr. Geumsun Vin
Progettato dall'Ufficio Editoriale di Urim Books
Stampato dalla Yewon Printing Company
Per maggiori informazioni rivolgersi a
urimbook@hotmail.com

Un messaggio sulla pubblicazione

"In verità, in verità vi dico che qualsiasi cosa domanderete al Padre nel mio nome, egli ve la darà" (Giovanni 16:23).

Il cristianesimo è una fede in cui le persone incontrano il Dio vivente e sperimentano la Sua opera per mezzo di Gesù Cristo.

Poiché Dio è un Dio onnipotente che ha creato i cieli e la terra e regola la storia dell'universo così come la vita, la morte, la maledizione e la benedizione dell'uomo, Egli risponde alle preghiere dei Suoi figli e desidera che loro conducano vite benedette, adeguate per i Figli di Dio.

Chiunque è un vero figlio di Dio, porta con sé l'autorità di cui ha diritto come figlio di Dio. Con questa autorità, può vivere una vita in cui tutto è possibile, scoprire che non gli manca nulla e godere delle benedizioni senza alcuna invidia o gelosia nei confronti degli altri. Conducendo una vita di benessere traboccante, di forza e di successo, darà gloria a Dio attraverso la sua vita.

Al fine di godere di una vita così beata, si deve capire a fondo la legge del regno spirituale in riguardo alle risposte di Dio per ricevere tutto ciò che si chiede a Dio nel nome di Gesù Cristo.

Questo lavoro è una raccolta di messaggi che sono stati predicati in passato per tutti i credenti, specialmente quelli che senza ombra di dubbio credono nel Dio Onnipotente e desiderano condurre una vita piena di risposte di Dio.

Possa questo lavoro Mio Padre ve lo darà nel mio nome servire come una guida che conduce tutti i lettori a prendere coscienza della legge del regno spirituale sulle risposte di Dio, e consentire loro di ricevere tutto quello che domandano nella preghiera, e per questo nel nome di Gesù Cristo io prego!

    Ringrazio e glorifico Dio per aver permesso che questo libro e la Sua parola preziosa fossero pubblicati, ed esprimo la mia sincera gratitudine a tutti coloro che hanno lavorato arduamente per questa impresa.

Jaerock Lee

Indice

Mio Padre ve lo darà nel mio nome

Un messaggio sulla pubblicazione

Capitolo 1
Modi per ricevere risposte da Dio 1

Capitolo 2
Abbiamo ancora bisogno di chiedere a Lui 15

Capitolo 3
La Legge Spirituale sulle risposte di Dio 25

Capitolo 4
Distruggere il muro del peccato   39

Capitolo 5
Si raccoglie ciò che si è seminato   51

Capitolo 6
Elia Riceve la risposta di Dio dal fuoco   65

Capitolo 7
Soddisfare i desideri del vostro cuore   75

Capitolo 1

Modi per ricevere le risposte di Dio

Figlioli, non amiamo a parole né con la lingua, ma con i fatti e in verità. Da questo conosceremo che siamo della verità e renderemo sicuro il nostro cuore davanti a lui. Poiché se il nostro cuore ci condanna, Dio è più grande del nostro cuore e conosce ogni cosa. Carissimi, se il {nostro} cuore non ci condanna, abbiamo fiducia davanti a Dio; e qualunque cosa chiediamo la riceviamo da lui, perché osserviamo i suoi comandamenti e facciamo ciò che gli è gradito

(1 Giovanni 3:18-22).

Una delle fonti di grande gioia per i figli di Dio, risiede nel fatto che il Dio onnipotente è vivo, risponde alla loro preghiera, e lavora per il loro bene in ogni cosa. Le persone che credono in questo, pregano con zelo in modo che possano ricevere da Dio ogni cosa chiedono e così possono dare gloria a Lui attraverso il loro compiacimento.

1 Giovanni 5:14 ci dice: *"Questa è la fiducia che abbiamo in lui: che se domandiamo qualche cosa secondo la Sua volontà, egli ci esaudisce"*. Il versetto ci ricorda che quando chiediamo secondo la volontà di Dio, abbiamo il diritto di ricevere qualcosa da Lui. Non importa quanto un genitore può essere malvagio, quando il figlio gli chiede pane, non gli darà una pietra, e quando chiede del pesce, la madre non gli darà un serpente. Che cosa, allora, potrebbe impedire a Dio di dare buone doni ai Suoi figli quando chiedono qualcosa a Lui?

Quando in Matteo 15:21-28, la donna cananea è venuta davanti a Gesù, non solo ha ricevuto risposte alla sua preghiera, ma ha soddisfatto anche i desideri del suo cuore. Anche se la figlia soffriva di terribili possessioni da parte dei demoni, la donna ha chiesto a Gesù di guarirla perché ha creduto che tutto era possibile per coloro che avevano creduto. Cosa pensate che abbia fatto Gesù per questa donna gentile, che gli ha chiesto la guarigione della figlia senza arrendersi? Come possiamo leggere in Giovanni 16:23, *"In quel giorno non mi rivolgerete alcuna domanda. In verità, in verità vi dico che qualsiasi cosa domanderete al Padre nel mio nome, egli ve la darà."*, dopo aver visto la fede della donna, Gesù ha immediatamente esaudito la sua richiesta. *"Donna, grande è la tua fede; ti sia fatto come vuoi"* (Matteo 15:28).

Quanto sono meravigliose e dolci le risposte di Dio!

Se crediamo nel Dio vivente, come Suoi figli, dobbiamo dare gloria a Lui nel ricevere ciò che chiediamo. Attraverso i passaggi su cui si basa questo capitolo, cerchiamo di esplorare i modi in cui possiamo ricevere le risposte di Dio.

1. Dobbiamo credere in Dio, che promette di risponderci

Attraverso la Bibbia, Dio ci ha promesso che avrebbe certamente risposto alla nostra preghiera e alle nostre supliche. Pertanto, solo quando non dubitiamo di questa promessa, possiamo, con zelo, chiedere e ricevere tutto ciò chiediamo a Dio.

Numeri 23:19 dice:*"Dio non è un uomo, da poter mentire, né un figlio d'uomo, da doversi pentire. Quando ha detto una cosa non la farà? O quando ha parlato non manterrà la parola?"*

In Matteo 7:7-8 Dio ci dice: *"Chiedete e vi sarà dato; cercate e troverete; bussate e vi sarà aperto; perché chiunque chiede riceve; chi cerca trova, e sarà aperto a chi bussa."*

Nella Bibbia sono molti i riferimenti che indicano la promessa di Dio, che ci risponde se chiediamo secondo la Sua volontà. Di seguito sono riportati alcuni esempi:

"Perciò vi dico: tutte le cose che voi domanderete pregando, credete che le avete ricevute e voi le otterrete" (Marco 11:24).

"Se dimorate in me e le mie parole dimorano in voi, domandate quello che volete e vi sarà fatto" (Giovanni 15:7).

"E quello che chiederete nel mio nome, lo farò, affinché il Padre sia glorificato nel Figlio" (Giovanni 14:13).

"Voi m'invocherete, verrete a pregarmi e io vi esaudirò. Voi mi cercherete e mi troverete, perché mi cercherete con tutto il vostro cuore" (Geremia 29:12-13).

"Poi invocami nel giorno della sventura; io ti salverò, e tu mi glorificherai" (Salmi 50:15).

Tale promessa di Dio si trova più volte, sia nel Vecchio sia nel Nuovo Testamento. Anche se ci fosse un solo versetto biblico riguardo a questa promessa, dovremmo tenere duro e pregare per ricevere le Sue risposte. Tuttavia, poiché questa promessa è riportata più volte nella Bibbia, dobbiamo credere che Dio è davvero vivo e che opera nella stessa maniera ieri, oggi e in eterno (Ebrei 13:8).

Inoltre, la Bibbia ci dice di molti uomini e donne benedetti che hanno creduto nella parola di Dio, che hanno chiesto e ricevuto le Sue risposte. Dovremmo far sì che la nostra fede e il nostro cuore somiglino a queste persone, e condurre la nostra vita in modo da ricevere sempre le Sue risposte.

Quando Gesù, in Marco 2:9, disse a un paralitico, *"«I tuoi peccati sono perdonati» oppure dirgli: «Àlzati, prendi il tuo lettuccio e cammina»"*, il paralitico si alzò, prese il suo giaciglio e uscì alla vista di tutti, e tutti i testimoni furono stupiti e poterono solo lodare Dio.

Un centurione, in Matteo 8:5-13, venne davanti a Gesù perché il suo servo giaceva paralizzato in casa, e con timore tormentato disse: *"ma di' soltanto una parola e il mio servo sarà guarito."* Sappiamo che quando Gesù disse al centurione "Va', ti sia fatto come hai creduto", il suo servo fu guarito in quel preciso momento.

Un lebbroso in Marco 1:40-42 venne a Gesù e lo pregò in ginocchio, *"Se vuoi, tu puoi purificarmi!"*, e appena Egli fu pieno di compassione per il lebbroso, stese la mano e toccò l'uomo, *"Lo voglio; sii purificato!"* e la lebbra abbandonò l'uomo che fu guarito.

Dio permette che chiunque riceva ciò che chiede nel nome di Gesù Cristo. Dio vuole anche che tutte le persone credano in Colui che ha promesso di rispondere alla loro preghiera, e che preghino con un cuore immutabile senza mai rinunciare, e diventino Suoi figli benedetti.

2. Tipi di preghiera a cui Dio non risponde

Quando le persone credono e pregano secondo la volontà di Dio, vivono secondo la Sua parola e muoiono proprio come muore un chicco di grano, Dio prende atto del loro cuore e della loro dedizione, e risponde alle loro preghiere. Eppure, se ci sono persone che non possono ricevere le risposte di Dio, nonostante la loro preghiera, quale potrebbe essere la causa? Molte persone nella Bibbia non sono riuscite a ricevere le Sue risposte, anche se hanno pregato. Esaminando le ragioni per cui ci sono persone non riescono a ricevere le risposte di Dio, dobbiamo imparare come possiamo ricevere risposte da Lui.

In primo luogo, se portiamo il peccato nel nostro cuore e preghiamo, Dio ci dice che non risponderà alla nostra preghiera. Salmi 66:18 ci dice: *"Se nel mio cuore avessi tramato il male, il Signore non mi avrebbe ascoltato"*, e Isaia 59:1-2 ci ricorda: *"Ecco, la mano del Signore non è troppo corta per salvare, né il suo orecchio troppo duro per udire; ma le vostre iniquità vi hanno separato dal vostro Dio; i vostri peccati gli hanno fatto nascondere la faccia da voi, per non darvi più ascolto."* Poiché il diavolo, a causa del nostro peccato, intercetterà la nostra preghiera, quest'ultima muoverà solo l'aria e non raggiungerà il trono di Dio.

In secondo luogo, se preghiamo in mezzo a una discordia con i nostri fratelli, Dio non risponderà. Poiché il nostro Padre celeste non ci perdonerà se noi non perdoniamo i nostri fratelli dal nostro cuore (Matteo 18:35), la nostra preghiera non può né essere consegnata a Dio, né ricevere una risposta.

In terzo luogo, se preghiamo per soddisfare le nostre voglie, Dio non risponderà. Se trascuriamo la Sua gloria, e invece preghiamo in accordo con i desideri della natura peccaminosa e spendiamo ciò che riceviamo da Lui per il nostro piacere, Dio non ci risponderà (Giacomo 4:2-3). Per esempio, ad una figlia obbediente e studiosa, il padre darà un assegno ogni volta che lei lo chiede. Ad una figlia disobbediente che non si preoccupa tanto per lo studio, però, il padre o non sarà disposto a darle un assegno, o sarà comunque preoccupato che spenderà questo sussidio per motivi sbagliati. Allo stesso modo, se chiediamo qualsiasi cosa con motivi sbagliati e per soddisfare i desideri della nostra natura peccaminosa, Dio non ci risponde, perché potremmo cadere e finire sul sentiero che conduce alla perdizione.

In quarto luogo, non dobbiamo né pregare né gridare per idolatria (Geremia 11:10-11). Poiché Dio detesta gli idoli sopra ogni altra cosa, dobbiamo solo cercare di pregare per la salvezza delle loro anime. Qualsiasi altra preghiera o richiesta fatta per loro o per loro conto, non riceverà risposta.

In quinto luogo, Dio non risponde alla preghiera che è piena di dubbi, perché possiamo ricevere risposte da parte del Signore solo quando crediamo e non dubitiamo (Giacomo 1:6-7). Sono sicuro che molti di voi, quando è stato chiesto a Dio di intervenire, hanno reso testimonianza di guarigioni da malattie incurabili e di risoluzione di problemi apparentemente impossibili. Tutto ciò perché Dio ci ha detto che: *"In verità io vi dico che chi dirà a questo monte: "Togliti di là e gettati nel mare", se non dubita in cuor suo ma crede che quel che dice avverrà, gli sarà fatto"* (Marco 11:23). Dovremmo essere a conoscenza che la preghiera piena di dubbi non può essere ascoltata e che solo la preghiera secondo la volontà di Dio porta un innegabile senso di certezza.

In sesto luogo, se non obbediamo ai comandamenti di Dio, la nostra preghiera non sarà ascoltata. Quando obbediamo ai comandamenti di Dio e agiamo come piace a Lui, la Bibbia ci dice che possiamo avere fiducia davanti a Dio e ricevere da Lui tutto ciò che chiediamo (1 Giovanni 3: 21-22). Poiché Proverbi 8:17 ci dice: *"Io amo quelli che mi amano, e quelli che mi cercano mi trovano"*, la preghiera di coloro che obbediscono ai comandamenti di Dio nel loro amore per Lui (1 Giovanni 5:3) otterrà sicuramente una risposta.

In ultimo, non possiamo ricevere le risposte di Dio senza seminare. Poiché in Galati 6:7 si legge, *"Non vi ingannate, non ci si può beffare di Dio; perché quello che l'uomo avrà seminato, quello pure mieterà"*, e 2 Corinzi 9:6 ci dice, *"Ora dico questo: chi semina scarsamente mieterà altresì scarsamente; e chi semina abbondantemente mieterà altresì abbondantemente"*, senza seminare non si può raccogliere. Se qualcuno semina preghiera, la sua anima ne beneficerà a lungo; se egli semina offerta, riceverà benedizioni finanziarie, e se egli semina con le proprie azioni, riceverà benedizioni di buona salute. In sintesi, si deve seminare ciò che si desidera raccogliere, e seminare di conseguenza per ricevere le risposte di Dio.

In aggiunta alle condizioni di cui sopra, se le persone non riescono a pregare nel nome di Gesù Cristo o non riescono a pregare con il cuore, o continuano a balbettare, la loro preghiera non sarà ascoltata. Una discordia tra marito e una moglie (1 Pietro 3:7) o una disobbedienza, non garantiscono loro risposte di Dio.

Dobbiamo sempre tenere a mente che tali condizioni sopra descritte creano un muro tra noi e Dio; Egli ci negherà il Suo volto e non risponderà alla nostra preghiera. Pertanto, dobbiamo prima cercare il regno e la giustizia di Dio, urlare a Lui nella preghiera per ottenere i desideri del nostro cuore. Così facendo riceveremo sempre le Sue risposte, tenendo duro fino alla fine, e con fede ferma.

3. Segreti per ricevere risposte alle nostre preghiere

Nella fase iniziale della vita in Cristo di un individuo, spiritualmente questa persona è paragonabile a un bambino, e Dio risponde subito alla sua preghiera. Poiché questa persona non conosce ancora tutta la verità, se mette in atto la parola di Dio che ha imparato, anche solo in parte, Dio gli risponde come se fosse un bambino che piange per avere il latte, e questo lo porta ad incontrare Dio. Come continua a capire e sentire la verità, crescerà e supererà la fase di "bambino", e per quanto metterà la verità nelle sue azioni, Dio gli risponderà. Se un individuo è cresciuto ed ha superato lo stadio spirituale di "bambino" ma continua a peccare e non riesce a vivere secondo la parola, non potrà ricevere le risposte di Dio; da quel momento in poi, vedrà le risposte di Dio tanto quanto lui compirà la santificazione.

Pertanto, per consentire alle persone di ricevere le risposte che non hanno ricevuto, queste stesse persone devono prima pentirsi, tornare sui propri passi e iniziare a condurre una vita obbediente, nella quale devono vivere della parola di Dio. Quando dimoreranno nella verità, dopo essersi pentiti lacerando il loro cuore, Dio gli darà benedizioni sorprendenti. Poiché Giobbe possedeva una fede acquisita solo come conoscenza, in un primo momento si era lamentato con Dio quando si trovò ad affrontare prove e sofferenze. Dopo aver incontrato Dio ed essersi pentito lacerando il suo cuore, ha perdonato i suoi amici ed ha vissuto della Parola di Dio. A sua volta, Dio lo benedisse, ristabilendolo nella sua condizione di prima e rendendogli il doppio di tutto quello che gli era già appartenuto (Giobbe 42:5-10).

Giona fu inghiottito da un grosso pesce a causa della Sua disobbedienza alla parola di Dio. Eppure, quando pregò, si pentì e rese grazie nella sua preghiera per fede, e Dio diede ordine al pesce, che vomitò Giona sulla terraferma (Giona 2:1-10).

Quando tornate sui vostri passi, vi pentite e vivete nella volontà del Padre, credete e gridate a Lui, il nemico diavolo arriverà verso di voi da una direzione, ma fuggirà da voi verso altre sette. Naturalmente, problemi che riguardano malattie, i rapporti con i vostri figli e quelli finanziari, saranno tutti risolti. Un marito persecutore si trasformerà in un affettuoso e buon marito, e una famiglia in pace che emana profumo di Cristo darà grande gloria a Dio.

Se abbiamo abbandonato i nostri passi, ci siamo pentiti ed abbiamo ricevuto la Sua risposta alla nostra preghiera, dobbiamo dare gloria a Dio testimoniando la nostra gioia. Quando compiaciamo e rendiamo gloria a Lui attraverso la nostra testimonianza, Dio non solo riceve la gloria e si diletta in noi, ma diventa anche desideroso di chiederci: "Che cosa devo dare?"

Supponiamo che una madre ha dato a suo figlio un regalo, e il figlio non sembra riconoscente o non esprime la sua gratitudine in alcun modo. Tale madre potrebbe decidere di non dargli altro. Tuttavia, se il figlio prende coscienza del dono ricevuto e compiace sua madre, lei sarà ancora più felice e vorrà dare a suo figlio più doni, e si preparerà di conseguenza. Allo stesso modo, riceveremo sempre più da Dio quando diamo gloria a Lui, ricordando che il nostro Padre Dio si diletta nelle risposte date ai Suoi figli per le loro preghiere, e darà ancora più cose buone a coloro che testimoniano le Sue risposte.

Facciamo in modo che tutti noi possiamo chiedere secondo la volontà di Dio, dimostrando a Lui la nostra fede e dedizione, e così facendo riceveremo qualunque cosa chiediamo. Mostrare a Dio la nostra fede e dedizione può sembrare un compito difficile dal punto di vista dell'uomo. Tuttavia, solo dopo tali processi, come abbandonare il peccato che si erge contro la verità e fissare il nostro sguardo sul cielo eterno, riceveremo risposte alle nostre preghiere e costruiremo le nostre ricompense nel regno dei cieli, e le nostre vite saranno piene di gratitudine e gioia e veramente utili. Inoltre, la nostra vita sarà tanto più beata perché le prove e le sofferenze saranno state scacciate ed il vero comfort potrà essere sentito nella guida e protezione di Dio.

Possa ciascuno di voi chiedere per fede tutto ciò che desidera, pregare ardentemente, combattere il peccato e osservare i Suoi comandamenti per ricevere tutto ciò che chiedete, compiacete Lui in ogni cosa, e date gloria a Dio, nel nome di Gesù Cristo, per questo io prego!

Capitolo 2

Abbiamo ancora bisogno di chiedere a Lui

"Allora vi ricorderete delle vostre vie malvagie e delle vostre azioni, che non erano buone, e avrete disgusto di voi stessi a motivo delle vostre iniquità e delle vostre abominazioni. Non è per amor di voi che agisco così", dice il Signore, Dio, "siatene certi! Vergognatevi, e siate confusi a motivo delle vostre vie, o casa d'Israele!"
Così parla il Signore, Dio: "Il giorno che io vi purificherò di tutte le vostre iniquità, farò in modo che le città siano abitate e le rovine siano ricostruite; la terra desolata sarà coltivata, invece di essere una desolazione agli occhi di tutti i passanti. Si dirà: 'Questa terra che era desolata è diventata come il giardino di Eden; e queste città che erano deserte, desolate, rovinate, sono fortificate e abitate'. Le nazioni che saranno rimaste attorno a voi conosceranno che io, il Signore, ho ricostruito i luoghi distrutti e ripiantato il luogo deserto. Io, il Signore, parlo e mando la cosa ad effetto".
Così parla il Signore, Dio: "Anche in questo mi lascerò supplicare dalla casa d'Israele, e glielo concederò: io moltiplicherò loro gli uomini come un gregge.'

(Ezechiele 36:31-37)

Attraverso i sessantasei libri della Bibbia, Dio, che è lo stesso ieri, oggi e in eterno (Ebrei 13:8) testimonia il fatto che Egli è vivo e opera. A tutti coloro che hanno creduto nella Sua parola e obbedito ai tempi dell'Antico Testamento, del Nuovo Testamento e oggi, Dio ha mostrato loro fedelmente l'evidenza della Sua opera.

Dio il Creatore di tutto l'universo e Governatore della vita, della morte, della maledizione e della benedizione del genere umano, ha promesso di "benedirci" (Deuteronomio 28:5-6) finché noi crediamo e obbediamo a tutta la Sua parola che è contenuta nella Bibbia. Ora, se abbiamo veramente creduto in questo fatto sorprendente e meraviglioso, di cosa siamo carenti e cosa non possiamo ricevere? In Numeri 23:19 leggiamo, *"Dio non è un uomo, da poter mentire, né un figlio d'uomo, da doversi pentire. Quando ha detto una cosa non la farà? O quando ha parlato non manterrà la parola?"* Inoltre, dal momento che Gesù ha promesso in Giovanni 16:23, *"In quel giorno non mi rivolgerete alcuna domanda. In verità, in verità vi dico che qualsiasi cosa domanderete al Padre nel mio nome, egli ve la darà"*, i figli di Dio sono veramente benedetti.

Così, è naturale per i figli di Dio condurre una vita in cui essi ricevono quello che chiedono e rendere gloria al loro Padre celeste. Perché, allora, la maggior parte dei cristiani non riescono a condurre una vita così? Con i passaggi su cui si basa questo capitolo, cerchiamo di esplorare come possiamo ricevere sempre le risposte di Dio.

1. Dio ha parlato e lo farà, ma abbiamo ancora bisogno di chiedere a Lui

In quanto eletti di Dio, il popolo di Israele ha ricevuto abbondanti benedizioni. Avevano ricevuto la promessa che se avessero pienamente rispettato e seguito parola di Dio, Egli li avrebbe situati in alto sopra tutte le nazioni della terra, concedendo che i nemici che si levavano contro, fossero sconfitti davanti a loro, e benedicendo tutto ciò su cui avessero messo sopra la mano (Deuteronomio 28:1,7,8). Tali benedizioni sono ricadute sugli Israeliti quando hanno obbedito alla parola di Dio; ma quando hanno fatto qualcosa di sbagliato, disobbedito alla legge e adorato gli idoli, sotto l'ira di Dio, sono stati presi prigionieri e la loro terra è stata rovinata.

A quel tempo, Dio disse agli israeliti che se si fossero pentiti e abbandonato le vie malvagie, avrebbe permesso che la terra desolata fosse coltivata e che le rovine fossero ricostruite. Inoltre, Dio ha dichiarato: *"Io, il Signore, parlo e mando la cosa ad effetto."* *"Anche in questo mi lascerò supplicare dalla casa d'Israele, e glielo concederò"* (Ezechiele 36:36-37).

Perché Dio ha promesso agli Israeliti che avrebbe agito, ma ha anche detto che lo avrebbero comunque dovuto "supplicare"?
Anche se Dio sa di che cosa abbiamo bisogno prima ancora di

chiedere (Matteo 6:8), Egli ci ha anche detto, *"Chiedete e vi sarà dato... Perché chiunque chiede riceve ... quanto più il Padre vostro, che è nei cieli, darà cose buone a quelli che gliele domandano!"* (Matteo 7:7-11)

Inoltre, siccome Dio ci ha detto in tutta la Bibbia che c'è bisogno di chiedere e gridare a Lui, al fine di ricevere le Sue risposte (Geremia 33:3; Giovanni 14:14), i figli di Dio che credono veramente nella Sua parola, devono comunque chiedere a Dio, anche se Egli ha parlato e ha detto che avrebbe agito.

Da un lato, quando Dio dice: "Lo farò", se crediamo e ubbidiamo alla Sua parola, riceveremo le risposte. D'altra parte, se dubitiamo, mettiamo alla prova Dio e non riusciamo a essere grati, lamentandoci invece nei momenti di prova e di sofferenza - insomma, se non riusciamo a credere nella promessa di Dio - non possiamo ricevere le Sue risposte. Anche se Dio ha promesso "lo farò", quella promessa può essere soddisfatta solo quando si rimane ancorati a questo impegno nella preghiera e nei fatti. Non si può dire di avere fede se non si chiede, ma semplicemente si guarda a quella promessa e si dice: "Dal momento che Dio l'ha detto, sarà fatto". Né si possono ricevere le risposte di Dio perché non c'è nessun azione che accompagna.

2. Dobbiamo chiedere di ricevere le risposte di Dio

Primo, è necessario pregare per distruggere il muro che si frappone tra voi e Dio.

Quando Daniele fu fatto prigioniero in Babilonia dopo la caduta di Gerusalemme, venne a conoscenza, attraverso le Scritture, della profezia di Geremia che era in essa contenuta, e ha imparato che la desolazione di Gerusalemme sarebbe durata settant'anni. Durante questi settant'anni, come Daniele aveva appreso, Israele avrebbe servito il re di Babilonia. Quando passarono i settanta anni, il re di Babilonia e il suo regno e il paese dei Caldei furono maledetti e perennemente desolati a causa dei loro peccati. Anche se gli Israeliti furono tenuti prigionieri in Babilonia in quel tempo, la profezia di Geremia diceva che sarebbero diventati indipendenti e sarebbero tornati in patria dopo questo lungo periodo, e questo fu una fonte immediata di gioia e di sollievo per Daniele.

Eppure, Daniele, anche se poteva condividere la sua gioia con i compagni israeliti, non l'ha fatto. Ha invece promesso di implorare Dio con la preghiera e le supplice, col digiuno, col sacco e con la cenere. E si pentì del suo peccato e di quello degli israeliti, della ribellione, dell'allontanamento dai comandamenti e dalle leggi di Dio (Daniele 9:3-19).

Dio non aveva rivelato attraverso il profeta Geremia, come sarebbe finita la prigionia di Israele in Babilonia; Egli aveva profetizzato solo la fine della prigionia dopo sette decenni. Poiché Daniele conosceva la legge del regno spirituale, era ben consapevole che il muro che si trovava tra Israele e Dio doveva prima essere distrutto in modo che la parola di Dio fosse realizzata. In questo modo, Daniele ha dimostrato la sua fede con le azioni. Appena Daniele iniziò a digiunare e si pentì - per sé e per il resto degli israeliti - per aver fatto del male contro Dio, che li aveva successivamente maledetti, Dio distrusse quel muro, rispose a Daniele, diede agli israeliti "settanta 'sette' [settimane]", e gli rivelò altri segreti.

Appena si diventa figlio di Dio che chiede secondo la parola di nostro Padre, dobbiamo capire che distruggere il muro del peccato, condizione necessaria per ricevere una risposta alla nostra preghiera, è una priorità.

In secondo luogo, dobbiamo pregare con fede e obbedienza.

In Esodo 3:6-8 leggiamo della promessa di Dio al popolo di Israele - che in quel momento era schiavizzato in Egitto - che l'avrebbe fatto uscire dall'Egitto e condotto a Canaan, la terra dove scorre latte e miele. Canaan è terra che Dio ha promesso di dare agli Israeliti (Esodo 6:8). Ha giurato di dare la terra ai loro discendenti e comandò loro di crescere (Esodo 33:1-3). Si tratta di una terra promessa dove Dio comandò a Israele di distruggere tutti gli idoli che vi erano in essa, mettendoli in guardia dal scendere a patti con le persone che vivevano lì e con le loro divinità, in modo che gli Israeliti non creassero un blocco tra loro e il loro Dio. Questa è stata una promessa di Dio che compie sempre ciò che promette. Perché, allora, gli Israeliti non furono in grado di entrare in Canaan?

Nella loro incredulità in Dio e nel Suo potere, il popolo d'Israele mormorò contro di Lui (Numeri 14:1-3) e lo ha disobbedito, e, quindi, non è riuscito a entrare in Canaan (Numeri 14:21-23; Ebrei 3:18-19). In breve, anche se Dio aveva promesso agli Israeliti il paese di Canaan, quella promessa non era di alcuna utilità se non credevano e obbedivano. Se avessero creduto e obbedito a Lui, la promessa sarebbe sicuramente stata adempiuta. Alla fine, solo Giosuè e Caleb, che hanno creduto nella parola di Dio, insieme ai discendenti degli israeliti, poterono entrare in Canaan (Giosuè 14:6-12). Attraverso la storia di Israele, teniamo bene a mente che possiamo ricevere le risposte di Dio solo quando chiediamo confidando nella Sua promessa e in obbedienza, e riceveremo la Sua risposta chiedendo a Lui in fede.

Anche se Mosè stesso sicuramente aveva creduto nella promessa di Dio su Canaan, poiché gli Israeliti non credevano nella potenza di Dio, anche a lui è stato proibito di entrare nella terra promessa. L'opera di Dio è a volte in risposta alla fede di un solo uomo, ma in altri momenti la risposta si rivela solo quando tutti i soggetti coinvolti possiedono una fede sufficiente per la manifestazione della Sua opera. Per entrare in Canaan, Dio richiedeva la fede di tutto Israele, non solo quella di Mosè. Eppure, poiché Dio non riuscì a trovare questo tipo di fede tra il popolo di Israele, non ha permesso il loro ingresso a Canaan. Tenete a mente che, quando Dio cerca la fede di non solo un individuo, ma quella di tutte le persone coinvolte, tutte le persone hanno bisogno di pregare per la fede e nell'obbedienza, e diventare un unico cuore al fine di ricevere le Sue risposte.

Quando una donna, che soffriva da 12 anni di sanguinamento, ha ricevuto la guarigione toccando il mantello di Gesù, Egli ha chiesto: 'Chi mi ha toccato le vesti?' E la fece testimoniare la sua guarigione davanti a tutte le persone riunite (Marco 5:25-34).

La testimonianza di un individuo dell'opera di Dio che si manifesta nella sua vita aiuta gli altri a far crescere la loro fede e li rafforza nel trasformarsi in persone di preghiera che chiedono e ricevono la Sua risposta. Poiché ricevere le risposte di Dio mediante la fede permette ai non credenti di ricevere la fede ed incontrare il Dio vivente, questo è un magnifico modo per dare gloria a Lui.

Credendo e obbedendo alla parola di benedizione che si trova nella Bibbia, e tenendo presente che abbiamo ancora bisogno di chiedere, anche se Dio ci ha promesso: "Io ho parlato e lo farò," cerchiamo di ricevere sempre le Sue risposte, diventiamo i Suoi figli benedetti, e diamo gloria a Lui con la gioia dei nostri cuori.

Capitolo 3

La Legge Spirituale sulle risposte di Dio

Poi [Gesù], uscito, andò come al solito al monte degli Ulivi; e anche i discepoli lo seguirono.

Giunto sul luogo, disse loro: «Pregate di non entrare in tentazione». Egli si staccò da loro circa un tiro di sasso e, postosi in ginocchio, pregava, dicendo: «Padre, se vuoi, allontana da me questo calice! Però non la mia volontà, ma la tua sia fatta».

{Allora gli apparve un angelo dal cielo per rafforzarlo. Ed essendo in agonia, egli pregava ancor più intensamente; e il suo sudore diventò come grosse gocce di sangue che cadevano in terra.} E, dopo aver pregato, si alzò, andò dai discepoli e li trovò addormentati per la tristezza, e disse loro: «Perché dormite? Alzatevi e pregate, affinché non entriate in tentazione».

———∞———

(Luca 22:39-46).

I figli di Dio ricevono la salvezza e hanno il diritto di ricevere da Dio tutto ciò che chiedono per fede. È per questo che leggiamo in Matteo 21:22, *"Tutte le cose che domanderete in preghiera, se avete fede, le otterrete."*

Tuttavia, molti si chiedono perché non ricevono risposte da Dio dopo aver pregato, si domandano se la loro preghiera è stata consegnata a Dio, o dubitano anche se Dio ha ascoltato la loro preghiera.

Proprio come come abbiamo bisogno di conoscere metodi e percorsi adeguati per affrontare senza problemi un viaggio verso una certa destinazione, possiamo ricevere le Sue risposte tempestive solo quando veniamo a conoscenza di metodi consoni e percorsi di preghiera. La preghiera per sé non garantisce risposte da Dio; abbiamo bisogno di imparare la legge del regno spirituale nelle Sue risposte e pregare in conformità a tale legge.

Cerchiamo di esplorare la legge del regno spirituale sulle risposte di Dio e il suo rapporto con i sette spiriti di Dio.

1. La legge del regno spirituale sulle risposte di Dio

Poiché la preghiera è chiedere al Dio Onnipotente le cose di cui abbiamo desiderio e bisogno, possiamo ricevere le Sue risposte solo quando chiediamo in conformità con la legge del regno spirituale. Nessuna quantità o sforzo da parte dell'uomo basato sul suo pensiero, sui propri metodi, sulla fama e conoscenza, potrà mai portare risposte di Dio.

Poiché Dio è un giusto giudice (Salmi 7:11), che ascolta la nostra preghiera e risponde, Egli esige da noi una adeguata somma in cambio di una Sua risposta. Le risposte di Dio alle nostre preghiere possono essere comparate al comprare carne da un macellaio. Se il macellaio è paragonato a Dio, la bilancia che usa può essere un mezzo con il quale Dio misura - basandosi sulla legge del regno spirituale - se una persona può ricevere o meno Sue risposte.

Supponiamo che siamo andati da un macellaio per l'acquisto di un chilo di carne di manzo. Quando gli chiediamo la quantità di carne di cui abbiamo bisogno, il macellaio la pesa e vede se corrisponde o meno ad un chilo. Se la carne sulla bilancia pesa un chilo, il macellaio riceve da noi la somma appropriata di denaro per il chilo di manzo, quindi la impacchetta e ce la dà.

Per lo stesso motivo, mentre Dio risponde alle nostre preghiere, Egli riceve da noi a colpo sicuro qualcosa in cambio, che garantisce le Sue risposte. Questa è la legge del regno spirituale sulle risposte di Dio.

Dio ascolta la nostra preghiera, accetta da noi qualcosa di un valore adeguato e poi ci risponde. Se qualcuno non ha ancora ricevuto risposte da Dio alla sua preghiera, la causa è perché non ha ancora presentato a Dio una somma adeguata per le Sue risposte. Dal momento che la quantità necessaria a ricevere le Sue risposte varia a seconda del contenuto della preghiera, fino a quando non si riceve il tipo di fede con la quale si possono ricevere le risposte di Dio, bisogna pregare e accumulare la somma necessaria. Anche se non conosciamo nel dettaglio la somma che Dio ci chiede, Egli lo fa. Pertanto, nonostante prestiamo massima attenzione alla voce dello Spirito Santo, abbiamo bisogno di chiedere a Dio alcune cose con il digiuno, certe altre con la preghiera votiva serale, altre con la preghiera di lacrime, e altre ancora con le offerte di ringraziamento. Tali atti faranno accumulare la somma richiesta per ricevere le risposte di Dio, così che Egli ci darà il tipo di fede con cui possiamo credere e ci benedirà con le Sue risposte.

Ugualmente se due persone si appartano ed iniziano un periodo di preghiera votiva, una delle due riceve immediatamente le risposte di Dio subito dopo aver iniziato la preghiera mentre l'altra non riesce a ricevere le Sue risposte, anche dopo che quel periodo è terminato. Che spiegazione possiamo trovare per questa disparità?

Poiché Dio è saggio e fa i suoi piani in anticipo, se Dio dichiara che una persona ha un cuore che non mancherà di continuare a pregare fino a quando terminerà il periodo di preghiera, risponderà alla richiesta della persona in modo corretto. Eppure, se una persona non riesce a ricevere le risposte di Dio per un problema che deve affrontare ora, la motivazione è perché non è riuscita a dare a Dio una somma che consona per le Sue risposte. Quando promettiamo di pregare per un certo periodo di tempo, dobbiamo sapere che Dio conduce i nostri cuori in modo da poter ricevere la somma di preghiera che si addice per la Sua risposta. Di conseguenza, se non riusciamo ad accumulare quella somma, non riusciamo a ricevere le risposte di Dio.

Per esempio, se un uomo prega per la sua futura sposa, Dio cerca per lui una vera e propria sposa e lo prepara in modo che poi Egli possa lavorare per il bene dell'uomo in ogni cosa. Questo non significa che, solo perché ha pregato per questo, la sposa giusta appare davanti agli occhi dell'uomo se lui non ha ancora l'età per sposarsi. Poiché Dio risponde a coloro che ritengono di aver ricevuto la Sua risposta, al momento della Sua scelta Egli rivelerà il suo lavoro per loro. Tuttavia, quando la preghiera di qualcuno non è in linea con la Sua volontà, nessuna quantità di preghiera garantisce risposte di Dio. Se quello stesso uomo cercava e di conseguenza ha pregato per le fattezze esteriori della sua futura sposa, quali l'educazione di base, l'aspetto, la ricchezza, la fama e simili - in altre parole una preghiera piena di avidità formata all'interno degli schemi della sua mente - Dio non lo risponderà.

Anche se due persone hanno pregato Dio per lo stesso identico problema, poiché il grado della loro santificazione e la misura della loro fede - attraverso le quali possono credere - sono differenti, la quantità di preghiera che riceve Dio sarà diversa (Apocalisse 5:8). Uno può ricevere le risposte di Dio in un mese, mentre l'altro potrebbe riceverle in un solo giorno.

Inoltre, maggiore è l'importanza delle risposte di Dio alla propria la preghiera, maggiore dovrà essere la quantità di preghiera. Secondo la legge del regno spirituale, un grande vaso sarà testato maggiormente e uscirà come l'oro, mentre uno più piccolo sarà testato su scala minore, e usato solo in parte da Dio. Pertanto, nessuno deve giudicare gli altri e dire, "Guarda quante difficoltà incontra, nonostante la sua fedeltà!" e deludere Dio in alcun modo. Tra i nostri antenati di fede, Mosè è stato messo alla prova per 40 anni e Giacobbe per 20 anni, e sappiamo quanto divennero entrambi dei vasi adeguati agli occhi di Dio, per essere da Lui utilizzati per il Suo grande scopo dopo aver sopportato le rispettive prove. Pensate al processo in cui si forma e viene addestrata una squadra di calcio nazionale. Se le abilità di un giocatore particolare sono degne da farlo mettere tra le scelte, solo dopo molto tempo e dopo sforzi investiti nell'allenamento sarà in grado di rappresentare il suo paese.

Se la risposta che cerchiamo da Dio è sia grande sia piccola, dobbiamo muovere il Suo cuore per ricevere le Sue risposte. Pregando per ricevere tutto ciò che chiediamo, Dio si muoverà per rispondere quando gli diamo un'adeguata quantità di preghiera; quando purifichiamo il nostro cuore affinché non ci sia alcun muro di peccato eretto tra Dio e noi, quando gli rendiamo grazia, gioia, offerte e simili, come segno della nostra fede in Lui.

2. Il rapporto tra la legge del regno spirituale e i sette Spiriti

Come abbiamo visto sopra con la metafora del macellaio e il suo metodo di misura, secondo la legge del regno spirituale, Dio misura la quantità di preghiera di tutti senza errore e determina se una persona ha accumulato una degna somma di preghiera. Mentre la maggior parte delle persone giudicano su un particolare oggetto solo da ciò che è visibile ai loro occhi, Dio fa una valutazione accurata attraverso i sette Spiriti di Dio (Apocalisse 5:6). In altre parole, quando si è dichiarati qualificati dai sette spiriti, le preghiere ricevono la risposta di Dio.

Cosa misurano i sette Spiriti?

In primo luogo, i sette Spiriti misurano la fede di ognuno.

Nella fede vi è la 'fede spirituale' e 'la fede carnale.' Il tipo di fede che misurano i sette Spiriti non è la fede intesa come conoscenza - la fede carnale - ma la fede spirituale che è viva e accompagnata da opere (Giacomo 2:22). Per esempio, c'è una scena in Marco 9, in cui il padre di un bambino che è stato posseduto dai demoni e che lo avevano reso muto, si presentò dinanzi a Gesù (Marco 9:17). Il padre disse a Gesù: "Io credo; vieni in aiuto alla mia incredulità!" Ecco il padre confessò la sua fede carnale, dicendo: 'Io credo', e gli chiese fede spirituale, dicendo: vieni in aiuto alla mia incredulità!' Gesù rispose subito al padre, e guarì il ragazzo (Marco 9:18-27).

È impossibile piacere a Dio senza fede (Ebrei 11:6). Eppure, poiché possiamo soddisfare i desideri del nostro cuore quando *compiaciamo* Lui, con la fede che può piacere a Dio siamo in grado di raggiungere i desideri del nostro cuore. Pertanto, se non riceviamo risposte di Dio, anche se Egli ci ha detto: "Sarà fatto per te come hai creduto", significa che la nostra fede non è ancora completa.

In secondo luogo, i sette Spiriti misurano la gioia di ognuno.

Poiché 1 Tessalonicesi 5:16 ci dice di gioire sempre, la volontà di Dio per noi è gioire sempre. Invece di essere gioiosi in tempi difficili, molti cristiani oggi si trovano confinati nell'ansia, nella paura e nella preoccupazione. Se credono veramente nel Dio vivente con tutto il cuore, possono essere gioiosi sempre, indipendentemente dalla situazione in cui si trovano. Possono essere gioiosi di una fervida speranza che risiede nel regno celeste eterno, non in questo mondo, che è solo un breve passaggio di tempo.

In terzo luogo, i sette Spiriti misurano la preghiera di ognuno.

Poiché Dio ci dice di pregare incessantemente (1 Tessalonicesi 5:17) e promette di dare a coloro che glielo chiedono (Matteo 7:7), ha senso solo ricevere da Dio ciò che chiediamo nella preghiera. Il tipo di preghiera con cui Dio è contento comporta che preghiamo abitualmente (Luca 22:39) e lo facciamo in ginocchio, in linea con la volontà di Dio. Con tale atteggiamento e postura, sarà per noi naturale gridare a Dio con tutto il nostro cuore, e la nostra preghiera sarà di fede e di amore. Dio prende in esame questo tipo di preghiera. Non dobbiamo pregare solo quando vogliamo qualcosa, e non dobbiamo essere rattristati e blaterare in preghiera; dobbiamo pregare secondo la volontà di Dio (Luca 22:39-41).

In quarto luogo, i sette Spiriti misurano il ringraziamento di ognuno.

Poiché Dio ci ha comandato di rendere grazie in ogni cosa (1 Tessalonicesi 5:18), chiunque, con la fede, dovrebbe rendere grazie in ogni cosa con tutto il cuore. Dal momento che Egli ci ha spostato dal percorso della distruzione sul cammino verso la vita eterna, come potremmo non essere grati? Dobbiamo essere grati per l'incontro di Dio con quelli che con entusiasmo cercano Lui, e grati per le Sue risposte date a chi chiede. Inoltre, anche se ci troviamo di fronte a difficoltà durante la nostra breve vita in questo mondo, dobbiamo essere grati perché la nostra speranza è nel cielo eterno.

In quinto luogo, i sette Spiriti misurano coloro che osservano i comandamenti di Dio e coloro che non lo fanno.

1 Giovanni 5:2 ci dice: *"Da questo sappiamo che amiamo i figli di Dio: quando amiamo Dio e mettiamo in pratica i suoi comandamenti"*, e i comandamenti di Dio non sono gravosi (1 Giovanni 5:3). La preghiera abituale fatta da qualcuno in ginocchio gridando a Dio, è la preghiera d'amore derivata dalla propria fede, che insieme all'amore per Dio, lo farà pregare in accordo con la Sua parola.

Eppure, molte persone, quando si dirigono ad ovest, si lamentano per la mancanza di risposte di Dio, anche se la Bibbia dice loro: "Andate a est." Tutto quello che bisogna fare è credere in quello che la Bibbia dice di fare e di obbedire. Poiché queste persone sono pronte a mettere da parte la parola di Dio e valutare ogni situazione secondo i propri pensieri e teorie, pregando secondo i propri benefici, Dio rivolge il Suo volto lontano da loro e non li risponde. Supponiamo che avete promesso di incontrare un vostro amico in una stazione ferroviaria a New York City, ma successivamente realizzate che preferite l'autobus alla stazione, e prendete l'autobus. Non riuscirete mai ad incontrare il vostro amico, non importa quanto tempo aspettate alla stazione degli autobus. Se si è andati ad ovest anche dopo che Dio aveva detto: "Andate ad est," non si può dire che si è obbedito. Eppure, è tragico e straziante vedere tanti cristiani che posseggono tale fede. Questo non è né fede né amore. Se diciamo di amare Dio, è naturale per noi osservare i suoi comandamenti (Giovanni 14:15; 1 Giovanni 5:3).

L'amore per Dio vi condurrà a pregare ancor di più con zelo e diligenza. Questo, di conseguenza, porterà i suoi frutti nella salvezza delle anime e nell'evangelizzazione, e la realizzazione del regno e la giustizia di Dio. E la vostra anima prospererà e si riceverà il potere della preghiera. Poiché si ricevono le risposte dando gloria a Dio e poiché credete che per tutto questo sarete ricompensati in cielo, sarete grati e non vi stancherete. Così, se professiamo la nostra fede in Dio, è naturale per noi obbedire ai

Dieci Comandamenti, il compendio dei sessantasei libri della Bibbia.

In sesto luogo, i sette Spiriti misurano la fedeltà di ognuno.
Dio vuole che noi siamo fedeli non solo in una particolare area, ma in tutta la Sua casa. Inoltre, come riportato in 1 Corinzi 4:2, *"Del resto, quel che si richiede agli amministratori è che ciascuno sia trovato fedele"*, è giusto che le persone con mansioni affidate da Dio, chiedano a Dio di rafforzarli per trovarsi fedeli in ogni cosa e degni di fiducia da parte delle persone intorno a loro. Inoltre, essi dovrebbero chiedere per la fedeltà a casa e al lavoro e, mentre si sforzano di essere fedeli in tutto ciò in cui hanno un ruolo, la loro fedeltà deve essere realizzata nella verità.

Settimo e ultimo, i sette Spiriti misurano l'amore di ognuno.
Anche se qualcuno è qualificato secondo le sei norme di cui sopra, Dio ci dice che senza l'amore siamo "niente", siamo "un cembalo che tintinna", e che il più grande tra la fede, la speranza e l'amore, è amore. Inoltre, Gesù ha adempiuto la legge in amore (Romani 13:10) e come Suoi figli è giusto amarci l'un l'altro.

Al fine di ricevere le risposte di Dio nella nostra preghiera, dobbiamo prima essere qualificati secondo gli standard dei sette Spiriti. Questo significa che i nuovi credenti, che ancora non conoscono la verità, non sono in grado di ricevere le risposte di

Dio?

Supponiamo che un bambino che non può parlare, un giorno pronuncia in modo molto chiaro, "Mamma!" I suoi genitori sarebbero talmente felici da dare al loro bambino tutto ciò che desidera.

Allo stesso modo, dal momento che ci sono diversi livelli di fede, i sette spiriti misurano ciascuno di esso e rispondono di conseguenza. Pertanto, Dio è toccato e felice di rispondere a un novizio quando mostra anche una fede piccola. Dio viene toccato ed è felice di rispondere quando i fedeli al secondo o terzo livello di fede hanno accumulato la loro misura corrispondente di fede. I credenti al quarto o quinto livello di fede, che vivono nella volontà di Dio e pregano nel modo che ancor più si addice a Lui, sono immediatamente qualificati agli occhi dei sette Spiriti e ricevono rapidamente le risposte di Dio.

In sintesi, più è elevato il livello di fede in cui qualcuno si trova - e quindi più alta è la sua conoscenza della legge del regno spirituale, della quale vive - più rapidamente riceverà risposte di Dio. Eppure, per quali ragioni i novizi spesso ricevono risposte di Dio in modo rapido? Per la grazia che riceve da Dio, un nuovo credente si riempie di Spirito Santo ed è qualificato in vista dei sette Spiriti, ricevendo in tal modo le risposte di Dio in modo più rapido.

Tuttavia, man mano che andrà in profondità nella verità, diventerà pigro, abbandonando gradualmente il primo amore, così come lo zelo che possedeva una volta si raffredderà e una tendenza di "improvvisare continuamente" si sviluppa.

Nel nostro ardore per Dio, dobbiamo diventare appropriati agli occhi dei sette Spiriti per vivere con zelo secondo la verità, così riceviamo dal nostro Padre ogni cosa che chiediamo nella preghiera, e conduciamo vite benedette in cui diamo gloria a Lui!

Capitolo 4

Distruggere il muro del peccato

Ecco, la mano del Signore non è troppo corta per salvare,
né il suo orecchio troppo duro per udire;
ma le vostre iniquità vi hanno separato dal vostro Dio; i vostri peccati gli hanno fatto nascondere la faccia da voi,
per non darvi più ascolto.

(Isaia 59:1-2).

Dio dice a Suoi figli in Matteo 7:7-8, *"Chiedete e vi sarà dato; cercate e troverete; bussate e vi sarà aperto; perché chiunque chiede riceve; chi cerca trova, e sarà aperto a chi bussa"* e promette di rispondere alla loro preghiera. Eppure, perché molte persone non riescono a ricevere le risposte di Dio alla loro preghiera, nonostante la Sua promessa?

Dio non ascolta la preghiera dei peccatori e volge il Suo sguardo lontano da loro. Egli è però in grado di rispondere alla preghiera di persone che eretto un muro di peccato sul loro cammino verso Dio. Pertanto, al fine di godere di buona salute, che tutto ci vada per il meglio e che le nostre anime prosperino, distruggere questo muro di peccato che blocca il nostro cammino verso Dio, è una priorità.

Esplorando i vari elementi che hanno preso parte nella costruzione del muro del peccato, esorto ognuno di voi a diventare un figlio benedetto di Dio che si pente dei suoi peccati se c'è un muro del peccato tra Dio e lui, per ricevere tutto quello che chiede a Dio nella preghiera, dando gloria a Lui.

1. Distruggere il muro del peccato della vostra incredulità in Dio e il non accettare il Signore come vostro Salvatore

La Bibbia impone che è un peccato per chiunque non credere in Dio e non accettare Gesù Cristo come suo Salvatore (Giovanni 16:9). Molti dicono: "Io sono senza peccato perché ho condotto una vita buona", ma fanno queste osservazioni in ignoranza spirituale, senza conoscere la natura del peccato. Poiché la parola di Dio non è nel loro cuore, queste persone non conoscono la differenza tra vero giusto e vero male e non riescono a distinguere il bene dal male. Inoltre, senza conoscere la vera giustizia, se le norme di questo mondo dicono loro, "Non sei cattivo," affermeranno senza riserve che sono buoni. Non importa quanto un individuo possa credere di aver condotto una vita buona, perché quando guarda indietro alla sua vita sotto la luce della parola di Dio dopo aver accettato Gesù Cristo, scoprirà che la sua vita non è stata affatto "buona". Questo perché si rende conto che il suo non aver creduto in Dio e accettato Gesù Cristo, è il più grande di tutti i peccati. Dio è obbligato a rispondere alla preghiera di coloro che hanno accettato Gesù Cristo e sono diventati Suoi figli, mentre i figli di Dio hanno il diritto di ricevere le Sue risposte alle loro preghiere secondo la Sua promessa.

La ragione per cui i figli di Dio - che credono in Lui e hanno accettato Gesù Cristo come loro Salvatore - non ricevono risposte alle loro preghiere è perché non riescono a riconoscere l'esistenza di un muro, che si è formato dal loro peccato e dal male, innalzandosi tra loro e Dio. È per questo che anche quando digiunano o rimangono svegli tutta la notte in preghiera, Dio volge il Suo volto lontano da loro e non risponde alle loro preghiere.

2. Distruggete il peccato della mancanza di amarsi l'un l'altro

Dio ci dice che è naturale per i Suoi figli amarsi gli uni gli altri (1 Giovanni 4:11). Inoltre, siccome Egli ci dice di amare anche i nostri nemici (Matteo 5:44), odiare i nostri fratelli invece di amarli significa disobbedire alla parola di Dio e costituisce quindi un peccato.

Poiché Gesù Cristo ha mostrato il Suo amore attraverso la crocifissione per l'umanità, che era confinata nel peccato e nella malvagità, è giusto per noi amare i nostri genitori, fratelli e figli. Eppure, è un grave peccato davanti a Dio nutrire tali emozioni frivole come l'odio e la riluttanza a perdonarsi l'un l'altro. Dio non ci ha comandato di mostrargli il tipo di amore con cui Gesù è morto sulla croce per redimere l'uomo dai suoi peccati; Egli ci ha semplicemente chiesto di trasformare l'odio in perdono per gli altri. Perché, allora, è così difficile?

Dio ci dice che chi odia i suoi fratelli è un "assassino" (1 Giovanni 3:15), e che il nostro Padre ci tratterà allo stesso modo, a meno che noi li rimettiamo ai nostri fratelli (Matteo 18:35), e ci spinge a nutrire amore e stare lontano dal lamentarsi contro i nostri fratelli per evitare il giudizio (Giacomo 5:9).

Poiché lo Spirito Santo dimora in ciascuno di noi, grazie all'amore di Gesù Cristo crocifisso che ci ha redenti dai nostri peccati del passato, presente e futuro, possiamo amare chiunque quando ci pentiamo davanti a Lui, ci convertiamo e riceviamo il Suo perdono. Per le persone di questo mondo che non credono in Gesù Cristo, tuttavia, non c'è perdono anche se si pentono, e non saranno in grado di condividere il vero amore l'un l'altro senza la guida dello Spirito Santo.

Anche se vostro fratello vi odia, è necessario possedere il tipo di cuore con cui vi trovate nella verità, per comprendere e perdonare, e pregare per lui in amore in modo tale da non diventare voi stessi dei peccatori. Se odiamo i nostri fratelli, invece di amarli, commettiamo peccato davanti a Dio, perdiamo la pienezza dello Spirito Santo, diventiamo miseri e folli, spendendo tutti i nostri giorni a lamentarci. Né dovremmo aspettarci che Dio risponda alla nostra preghiera.

Solo con l'aiuto dello Spirito Santo possiamo arrivare ad amare, comprendere e perdonare i nostri fratelli e ricevere da Dio qualunque cosa chiediamo nella preghiera.

3. Distruggere il muro del peccato del disobbedire ai comandamenti di Dio

In Giovanni 14:21, Gesù ci dice: *"Chi ha i miei comandamenti e li osserva, quello mi ama; e chi mi ama sarà amato dal Padre mio, e io lo amerò e mi manifesterò a lui"* Per questo motivo, 1 Giovanni 3:21 ci dice "Carissimi, se il {nostro} cuore non ci condanna, abbiamo fiducia davanti a Dio." In altre parole, se un muro del peccato si è creato a causa della nostra disobbedienza ai comandamenti di Dio, non possiamo ricevere le Sue risposte alle nostre preghiere. Solo quando i figli di Dio obbediscono ai comandamenti del Padre e a ciò che piace a Lui, possono chiedergli ogni cosa che desiderano con fiducia, e riceveranno tutto ciò che chiedono.

1 Giovanni 3:24 ci ricorda, *"Chi osserva i suoi comandamenti rimane in Dio e Dio in lui. Da questo conosciamo che egli rimane in noi: dallo Spirito che ci ha dato."* E sottolinea che solo quando il cuore è colmo della verità e viene donato interamente al nostro Signore, e vive sotto la guida dello Spirito Santo, può ricevere tutto ciò per cui chiede e nella sua vita avrà successo in ogni campo.

Per esempio, se ci fossero cento stanze nel cuore di qualcuno, e se questo qualcuno le avesse donate tutte e cento al Signore, la sua anima prospererebbe e riceverebbe benedizioni per cui ogni cosa gli andrà bene. Tuttavia, se la stessa persona avesse donato al Signore cinquanta stanze del suo cuore e avesse tenuto per sé e usato le altre cinquanta a sua discrezione, non potrebbe ricevere le risposte di Dio perché avrebbe ricevuto la guida dello Spirito Santo solo per metà del tempo, mentre usa le altre cinquanta per chiedere a Dio secondo il suo pensiero o in accordo con i desideri lussuriosi della carne.

Poiché il nostro Signore abita in ognuno di noi, anche se c'è un ostacolo davanti a noi, Egli ci rafforza affinché lo possiamo evitare o scavalcare. Anche se stiamo attraversando la valle dell'ombra Egli ci dà un modo per evitarla, lavora per il nostro bene in ogni cosa, e ci indica i modi per prosperare.

Quando compiaciamo Dio obbedendo ai Suoi comandamenti, noi viviamo in Dio e Lui vive in noi, e siamo in grado di dare gloria a Lui, ricevendo tutto ciò che chiediamo nella preghiera. Distruggiamo il muro del peccato del disobbedire ai comandamenti di Dio, cominciamo a obbedire, diventiamo fiduciosi davanti a Dio, e diamogli gloria ricevendo tutto ciò che chiediamo.

4. Distruggere il muro del peccato del pregare per soddisfare le proprie voglie

Dio ci dice di fare tutto nella vita per la Sua gloria (1 Corinzi 10:31). Se preghiamo per qualunque cosa tranne che per la Sua gloria, stiamo cercando di soddisfare le nostre voglie e i nostri desideri della carne, e non possiamo ricevere risposte di Dio alle medesime (Giacomo 4:3).

Da un lato, se si cercano benedizioni materiali per il regno di Dio e la Sua giustizia, come il sollievo dei poveri e la salvezza delle anime, si riceveranno le risposte di Dio perché in realtà si sta cercando la Sua gloria. D'altra parte, se si cercano benedizioni materiali nella speranza di vantarsi con un fratello che ci rimprovera dicendo, "Come si può essere poveri quando si va in chiesa?", state pregando infatti in accordo con il male per soddisfare le vostre voglie, ed a questo non ci sarà risposta. Anche in questo mondo, genitori che realmente amano i loro figli, non gli darebbero mai 100 euro da sperperare in una sala giochi. Per lo stesso motivo, Dio non vuole che i suoi figli camminino sulla strada sbagliata e per questo Lui non risponde ad ogni richiesta che gli fanno i Suoi figli.

1 Giovanni 5:14-15 ci dice, *"Questa è la fiducia che abbiamo in lui: che se domandiamo qualche cosa secondo la Sua volontà, egli ci esaudisce. Se sappiamo che egli ci esaudisce in ciò che gli chiediamo, noi sappiamo di avere le cose che gli abbiamo chieste."* Riceveremo tutto ciò che chiediamo a Lui in preghiera solo quando metteremo da parte le nostre voglie per pregare secondo la volontà di Dio e per la Sua gloria.

5. Distruggere il muro del peccato del dubitare in preghiera

Poiché Dio è contento quando mostriamo la nostra fede, senza fede è impossibile piacere a Dio (Ebrei 11:6). Anche dalla Bibbia possiamo trovare molti esempi in cui le risposte di Dio sono arrivate a persone che hanno mostrato la loro fede (Matteo 20:29-34; Marco 5:22-43, 9:17-27, 10:46-52) . Quando qualcuno non è riuscito a dimostrare la propria fede in Dio, è stato rimproverato per la "poca fede", anche nel caso in cui fossero i discepoli di Gesù (Matteo 8:23-27). Quando le persone hanno dimostrato a Dio la loro grande fede in Lui, anche il Gentile è stato elogiato (Matteo 15:28).

Dio rimprovera coloro che non sono in grado di credere, ma piuttosto dubitano anche un pò (Marco 9:16-29), e ci dice che se ci nutriamo anche di una briciola di dubbio mentre preghiamo, non dobbiamo pensare che riceveremo qualcosa dal Signore (Giacomo 1:6-7). In altre parole, anche se si digiuna e si prega tutta la notte, se la nostra preghiera è piena di dubbi, non dovremmo nemmeno aspettare di ricevere le risposte di Dio.

Inoltre, Dio ci ricorda, *"In verità io vi dico che chi dirà a questo monte: "Togliti di là e gettati nel mare", se non dubita in cuor suo ma crede che quel che dice avverrà, gli sarà fatto. Perciò vi dico: tutte le cose che voi domanderete pregando, credete che le avete ricevute e voi le otterrete"* (Marco 11:23-24).

Poiché *"Dio non è un uomo, da poter mentire, né un figlio d'uomo, da doversi pentire. Quando ha detto una cosa non la farà? O quando ha parlato non manterrà la parola?"* (Numeri 23:19), come promesso Dio risponde alla preghiera di tutti coloro che credono e chiedono per la Sua gloria. Le persone che amano Dio e che possiedono la fede sono tenuti a credere e cercare per la gloria di Dio, ed è per questo che viene loro detto di chiedere ciò che vogliono. Come iniziano a credere, queste persone chiedono e ricevono risposte a tutto ciò che chiedono, e possono dare gloria a Dio. Cerchiamo di liberarci dei dubbi, crediamo e chiediamo solo, in modo da ricevere da Dio, così da essere in grado di dargli gloria per la felicità del nostro cuore.

6. Distruggere il muro del peccato del non seminare davanti a Dio

In quanto governatore di tutto l'universo, Dio ha stabilito la legge del regno spirituale, e come Giudice giusto, Egli guida tutto in modo ordinato.

Re Dario non poteva salvare il suo amato servo Daniele dalla fossa dei leoni perché, anche in quanto re, non poteva disobbedire al decreto che egli stesso aveva messo per iscritto. Allo stesso modo, poiché Dio non può disobbedire alla legge del regno spirituale che Egli stesso ha stabilito, ogni cosa nell'universo viene eseguita sistematicamente sotto la Sua supervisione. Pertanto, "Dio non si può beffare" e permetterà ad un uomo di raccogliere quello che ha seminato (Galati 6:7). Se uno semina preghiera, riceverà benedizioni spirituali; se egli semina il suo tempo, riceverà la benedizione di buona salute; se semina offerte, Dio lo terrà lontano dai problemi nella sua attività, nel lavoro e a casa, e darà ancora maggiori benedizioni materiali.

Quando abbiamo seminato davanti a Dio in modi diversi, Egli risponde alla nostra preghiera e ci dà qualunque cosa chiediamo. Seminando con zelo davanti a Dio, non solo porteremo frutti abbondanti, ma riceveremo anche qualunque cosa chiediamo a Lui nella preghiera.

Oltre ai sei muri del peccato di cui sopra, nel "peccato" sono inclusi i desideri e le opere della carne, come l'ingiustizia, l'invidia, la collera, la rabbia e l'orgoglio, il non combattere contro i peccati fino al punto dello spargimento di sangue e del non essere zelanti per il regno di Dio. Con l'apprendimento e la comprensione della varietà di fattori che costituiscono un muro innalzato tra noi e Dio, cerchiamo di distruggere tale muro del peccato per ricevere le risposte di Dio, dando così gloria a Lui. Tutti noi dobbiamo diventare credenti che godono di buona salute, che hanno ottimi affari, e anche che le nostre anime prosperino.

Sulla base della parola di Dio che si trova in Isaia 59:1-2, abbiamo esaminato una serie di fattori che costituiscono un muro eretto tra Dio e noi. Possa ciascuno di voi diventare un figlio benedetto di Dio che per prima cosa capisca la natura di questo muro, goda di buona salute e abbia successo in ogni cosa, e che la vostra anima prosperi, dando gloria al Padre celeste per ricevere tutto quello per cui si chiede nella preghiera, nel nome di Gesù Cristo per questo io prego!

Capitolo 5

Si raccoglie ciò che si è seminato

Ora dico questo: chi semina scarsamente mieterà altresì scarsamente; e chi semina abbondantemente mieterà altresì abbondantemente. Dia ciascuno come ha deliberato in cuor suo; non di mala voglia né per forza,
perché Dio ama un donatore gioioso

(2 Corinzi 9:6-7).

Ogni autunno, possiamo osservare l'abbondanza di onde dorate di piante di riso maturo nei campi. Affinché queste piante di riso siano pronte per essere raccolte, sappiamo che c'è stata fatica e dedizione da parte degli agricoltori, dalla semina dei semi passando per la concimazione del campo, fino al coltivare le piante per tutta la primavera e l'estate.

Un contadino che ha un grande campo e semina più semi, dovrà faticare di più di un contadino che ne semina meno. Ma nella speranza di un grande raccolto, lavora in modo più diligente e faticosamente. Proprio come la legge della natura impone che "si raccoglie ciò che si è seminato", noi dovremmo sapere che la legge di Dio, che è il proprietario del regno spirituale, segue lo stesso schema.

Tra i cristiani di oggi, alcuni continuano a chiedere a Dio di soddisfare i loro desideri senza seminare, mentre altri lamentano la mancanza delle Sue risposte, nonostante molte preghiere. Anche se Dio vuole dare ai Suoi figli traboccanti benedizioni e dare risposte a ciascuno dei loro problemi, l'uomo spesso non riesce a capire la legge della semina e della raccolta, e quindi non riceve ciò che desidera da Dio.

In base alla legge della natura che ci dice, "si raccoglie ciò che si è seminato", cerchiamo di scoprire ciò che dobbiamo seminare e come dobbiamo farlo al fine di ricevere sempre le risposte di Dio e dare gloria a Lui senza riserve.

1. Il campo deve essere innanzitutto coltivato

Prima di seminare, un agricoltore deve arare il campo in cui è al lavoro. Egli individua le pietre, livella il terreno e crea un ambiente e condizioni in cui i semi possono crescere correttamente. A seconda della dedizione e della fatica del contadino, anche una terra desolata può essere trasformata in un terreno fertile.

La Bibbia paragona il cuore di ogni persona a un campo, che classifica in quattro tipi diversi (Matteo 13:3-9).

Il primo tipo è "un campo lungo una strada."

Il terreno del campo lungo la strada è duro. Un individuo con un tale cuore frequenta la chiesa, ma anche dopo aver ascoltato la Parola, non apre la porta del suo cuore. Pertanto, non è in grado di conoscere Dio e, a causa della mancanza di fede, non riesce a diventare illuminato.

Il secondo tipo è "un campo roccioso."

Nel campo roccioso, a causa delle pietre, i germogli non possono crescere correttamente. Un individuo con un tale cuore conosce la parola solo come conoscenza e la sua fede non è accompagnata dalle opere. Poiché gli manca la certezza della fede, cade rapidamente in periodi di prova e di sofferenza.

Il terzo tipo è "un campo di spine."

Nel campo di spine, poiché le spine crescono e soffocano le

piante, non possono essere raccolti buoni frutti. Un individuo con un tale cuore crede nella parola di Dio e cerca di vivere secondo essa. Non agisce però secondo la volontà di Dio, ma in conformità con i desideri della carne. Poiché la crescita della parola seminata nel suo cuore è compromessa dalla tentazione del possedere e del profitto o dalle preoccupazioni di questo mondo, non può dare i suoi frutti. Anche se prega, non è in grado di fare affidamento su "l'invisibile" Dio e quindi è destinato a tornare ai suoi penserei e comportamenti di sempre. È per questo che non riesce a sperimentare la potenza di Dio, per cui Lui può solo guardare quella persona da lontano.

Il quarto tipo è la "terra buona".

Un credente con questo buon campo dice solo "Amen" a tutto ciò che è la parola di Dio e obbedisce per fede senza nessun pensiero proprio e senza fare calcoli. Quando i semi sono seminati in questo buon terreno, crescono bene e danno i suoi frutti cento, sessanta o trenta volte quello che è stato seminato.

Gesù disse solo "Amen" e fu fedele alla parola di Dio (Filippesi 2:5-8). Allo stesso modo, un individuo con un cuore definibile come "buona terra", è incondizionatamente fedele alla parola di Dio e vive di essa. Se la Sua parola gli dice di essere gioioso sempre, lui è allegro in tutte le circostanze. Se la Sua parola gli dice di pregare continuamente, prega incessantemente. Una persona che possiede un cuore del genere può sempre comunicare con Dio, ricevere tutto ciò che chiede in preghiera, e vivere secondo la Sua volontà.

Non importa che tipo di cuore/campo possiamo avere in un dato momento, perché possiamo sempre trasformarlo in un buon terreno. Possiamo arare i campi pietrosi e togliere le pietre, togliere le spine e fertilizzare il campo.

Come possiamo coltivare i nostri cuori in "terra buona"?

In primo luogo, dobbiamo adorare Dio in spirito e verità.
Dobbiamo dare a Dio tutta la nostra mente, volontà, dedizione e forza, e offrire a Lui il nostro cuore in amore. Solo allora saremo al sicuro da pensieri oziosi, stanchezza e sonnolenza e potremo trasformare i nostri cuori in un buon terreno grazie al potere che viene dall'alto.

In secondo luogo, dobbiamo eliminare i nostri peccati fino al punto dello spargimento di sangue.
Appena obbediamo completamente a tutta la Parola di Dio, tra cui ad ogni comandamento del "fare questo" e "non fare questo", e viviamo di essa, il nostro cuore gradualmente si trasformerà in un buon terreno. Per esempio, quando l'invidia, la gelosia, l'odio e simili vengono scoperti, il nostro cuore può trasformarsi in un buon terreno solo con la preghiera fervente.

Più esaminiamo il terreno del nostro cuore e lo coltiviamo con diligenza, più la nostra fede crescerà nell'amore di Dio e ogni cosa andrà bene. Dobbiamo coltivare la nostra terra con zelo, perché più si vive della parola di Dio, tanto più la nostra fede spirituale cresce; quanto più la nostra fede spirituale cresce, più "terra buona" possederemo. Per questo dobbiamo coltivare il nostro cuore più diligentemente possibile.

2. Diversi semi devono essere seminati

Una volta che il terreno è stato coltivato, l'agricoltore comincia a seminare. Proprio come noi mangiamo diversi tipi di cibo bilanciandoli per mantenere la nostra salute in buone condizioni, il contadino pianta semi diversi come riso, grano, verdure, fagioli, e simili.

Nella semina davanti a Dio, seminiamo molte cose diverse. "Semina" si riferisce spiritualmente a obbedire, tra i comandamenti di Dio, a ciò che Egli ci dice di "fare". Per esempio, se Dio ci dice di gioire sempre, seminiamo con la nostra gioia derivante dalle nostre speranze per il cielo, e attraverso questa gioia anche Dio è felice e appagherà i desideri del nostro cuore (Salmo 37:4). Se Egli ci dice di "predicare il Vangelo," dobbiamo diligentemente diffondere la parola di Dio. Se Egli ci dice "Amatevi", "Siate fedeli", "Siate grati," e "Pregate", dovremmo fare esattamente e diligentemente quello che ci viene detto.

Inoltre, poiché vivere secondo la Parola di Dio, come dare decime e osservare il giorno del Signore, sono atti di semina davanti a Lui, ciò che abbiamo seminato potrà germogliare, crescere bene, fiorire e portare frutti abbondanti.

Se seminiamo con parsimonia, a malincuore o sotto costrizione, Dio non accetterà il nostro sforzo. Proprio come un contadino semina i suoi semi nella speranza di un buon raccolto in autunno, per fede dobbiamo anche credere e fissare lo sguardo su Dio che ci benedice cento, sessanta o trenta volte quello che abbiamo seminato.

Ebrei 11:6 ci dice: *"Ora senza fede è impossibile piacergli, poiché chi si accosta a Dio deve credere che egli è, e che ricompensa tutti quelli che lo cercano."* Mettere la nostra fiducia nella Sua parola mentre guardiamo al nostro Dio che premia chi semina davanti a Lui, ci permetterà di raccogliere in abbondanza in questo mondo e memorizzare le nostre ricompense nel regno celeste.

3. Il campo deve essere coltivato in perseveranza e con dedizione

Dopo la semina, l'agricoltore si occupa del campo con la massima cura. Innaffia le piante, strappa le erbacce ed elimina eventuali insetti. Senza tali sforzi perseveranti, le piante possono spuntare ma appassire e morire prima di aver portato alcun frutto.

Spiritualmente, "acqua" sta per la parola di Dio. Come Gesù ci dice in Giovanni 4:14, *"ma chi beve dell'acqua che io gli darò, non avrà mai più sete; anzi, l'acqua che io gli darò diventerà in lui una fonte d'acqua che scaturisce in vita eterna"*, l'acqua simboleggia la vita eterna e la verità. "Eliminare gli insetti" sta per proteggere la parola di Dio piantata nel nostro campo del cuore contro il nemico diavolo. Attraverso l'adorazione, la lode e la preghiera, la pienezza nel nostro cuore può essere mantenuta anche se il diavolo viene ad interferire con il nostro lavoro sul campo.

"Strappare le erbacce dal campo" è il processo in cui eliminiamo tali falsità come rabbia, odio, e simili. Mentre preghiamo con diligenza e ci sforziamo di gettare via la rabbia e l'odio, la rabbia è sradicata e un seme di mitezza cresce, e l'odio è sradicato e un seme d'amore viene su. Quando le falsità sono state eliminate e l'interferenza del diavolo è stata bloccata, possiamo crescere come Suoi veri figli.

Un fattore importante nel prendersi cura del campo dopo aver seminato, è aspettare il momento giusto nella perseveranza. Se l'agricoltore scava il terreno subito dopo la semina dei semi per vedere se le sue piante stanno nascendo, i semi potrebbero facilmente marcire. Fino alla raccolta, è necessaria una grande dedizione e perseveranza.

Il tempo necessario per portare frutto differisce da seme a seme. Mentre i semi dei meloni o delle angurie possono dare frutti in meno di un anno, meli e peri hanno bisogno di un paio di anni. La gioia di un agricoltore di ginseng sarà estremamente superiore a quella di un contadino di cocomeri, proprio come il valore del ginseng, che è stato coltivato per anni, non può essere paragonato a quello dei cocomeri, che sono stati coltivati per un periodo di tempo più breve.

Allo stesso modo, quando seminiamo davanti a Dio secondo la Sua parola, a volte potremmo essere in grado di ricevere le Sue risposte subito e raccogliere il frutto, ma in altri momenti può essere necessario più tempo. Come Galati 6:9 ci ricorda, *"Non ci scoraggiamo di fare il bene; perché, se non ci stanchiamo, mieteremo a suo tempo"*, fino al momento del raccolto, dobbiamo prenderci cura del nostro campo nella perseveranza e con dedizione.

4. Si raccoglie ciò che si è seminato

In Giovanni 12:24 Gesù ci dice: *"In verità, in verità vi dico che se il granello di frumento caduto in terra non muore, rimane solo; ma se muore, produce molto frutto"*. Secondo la Sua legge, il Dio della giustizia ha piantato Gesù Cristo, il Suo unigenito Figlio, come vittima di espiazione del genere umano e gli ha permesso di diventare un granello di frumento, di cadere e morire. Con la Sua morte, Gesù ha prodotto molti frutti.

La legge del regno spirituale è, similmente alla legge della natura che dice "Si raccoglie ciò che si è seminato", la legge di Dio che non può essere violata. Galati 6:7-8 ci dice esplicitamente, *"Non vi ingannate, non ci si può beffare di Dio; perché quello che l'uomo avrà seminato, quello pure mieterà. Perché chi semina per la sua carne, mieterà corruzione dalla carne;*

ma chi semina per lo Spirito mieterà dallo Spirito vita eterna." Quando un contadino semina il suo campo, a seconda delle tipologie di semi, raccoglierà alcune colture prima di altre e continuerà a seminare appena raccoglie. Quanto più il contadino semina e con diligenza si prende cura del suo campo, maggiore saranno le colture che raccoglierà. Per lo stesso motivo, anche nella nostra relazione con Dio, noi raccogliamo ciò che seminiamo.

Se si semina preghiera e lode, con la potenza dall'alto possiamo vivere con la parola di Dio e così le nostre anime prosperano. Se si lavora fedelmente per il regno di Dio, eventuali malattie vi abbandoneranno appena si ricevono le benedizioni nella carne e nello spirito. Se con zelo seminate con i vostri beni materiali, con le decime e con le offerte di ringraziamento, Egli vi darà maggiori benedizioni materiali, che Egli vi permetterà di usare per il Suo regno e la Giustizia.

Nostro Signore, che premia ogni persona in base a ciò che ha fatto, ci dice in Giovanni 5:29, *"Quelli che hanno operato bene, in risurrezione di vita; quelli che hanno operato male, in risurrezione di giudizio."* Così, dobbiamo vivere secondo lo Spirito Santo e fare del bene nella nostra vita.

Se uno non semina per lo Spirito Santo ma per i propri desideri, potrà trarre solo cose di questo mondo che alla fine verranno a mancare. Se si valutano e giudicano gli altri, sarete valutati e giudicati secondo la parola di Dio, *"Non giudicate, affinché non siate giudicati; perché con il giudizio con il quale giudicate, sarete giudicati; e con la misura con la quale misurate, sarà misurato a voi"* (Matteo7:1-2).

Dio ci ha perdonato tutti i nostri peccati che abbiamo commesso prima di aver accettato Gesù Cristo. Ma anche se commettiamo peccati dopo aver conosciuto la verità e cosa è il peccato, saremo perdonati se ci pentiamo, e riceveremo la nostra retribuzione.

Se avete seminato il peccato, secondo la legge del regno spirituale, raccoglierete i frutti del vostro peccato e affronterete momenti di prova e sofferenza.

Quando Davide, l'amato da Dio, ha peccato, Dio gli disse: *"Perché dunque hai disprezzato la parola del Signore, facendo ciò che è male ai suoi occhi?"* e *"Ecco, io farò venire addosso a te delle sciagure dall'interno della tua stessa casa"* (2 Samuele 12:9; 11). Quando Davide fu perdonato dei suoi peccati, dopo essersi pentito, "Ho peccato contro il Signore," sappiamo anche che Dio colpì il bambino che la moglie di Uria aveva partorito a Davide (2 Samuele 12:13-15).

Dobbiamo vivere secondo la verità e fare del bene - ricordando che noi raccogliamo ciò che seminiamo in ogni cosa -, seminare per lo Spirito Santo, ricevere la vita eterna dallo Spirito Santo, e ricevere così le benedizioni traboccanti di Dio.

Nella Bibbia ci molti esempi di persone che compiacevano Dio e di conseguenza hanno ricevuto Sue abbondanti benedizioni. Poiché la donna in Sunem aveva sempre trattato Eliseo, uomo di Dio, con il massimo rispetto e cortesia, tutte le volte che passava di lì andava da lei. Dopo aver parlato con il marito a riguardo di costruire una camera per Eliseo, la donna ne preparò una per il profeta, e vi pose un letto, un tavolino, una sedia e un candeliere, esortando Eliseo a rimanere nella propria casa (2 Re 4:8-10).

Eliseo fu molto commosso dalla devozione della donna. Quando scoprì che suo marito era vecchio ed erano senza figli, e che avere un figlio tutto suo era il desiderio della donna, Eliseo chiese a Dio la benedizione di una nascita per questa donna, e Dio le diede un figlio un anno più tardi (2 Re 4:11-17).

Come Dio ci promette in Salmi 37:4, *"Trova la tua gioia nel Signore ed egli appagherà i desideri del tuo cuore"*, la donna di Sunem fu esaudita del desiderio del suo cuore per come aveva trattato il servo di Dio, con cura e dedizione (2 Re 4:8-17).

In Atti 9:36-40 vi è una testimonianza di una donna di Giaffa chiamata Tabita, che abbondava di atti di bontà e di carità. Quando si ammalò e morì, i discepoli ne riportarono la notizia a Pietro. Quando arrivò sulla scena, le vedove mostrarono a Pietro le vesti e altri indumenti che Tabita aveva fatto per loro, e lo pregarono di riportare la donna in vita. Pietro fu profondamente commosso dal gesto delle donne e sinceramente pregò Dio. Quando disse, "Tabita, alzati," ella aprì gli occhi e si mise a sedere. Poiché Tabita aveva seminato davanti a Dio facendo del bene e aiutando i poveri, ricevette la benedizione del prolungamento della sua vita.

In Marco 12:44 leggiamo di una testimonianza di una povera vedova che ha dato a Dio tutto ciò che possedeva. Gesù, che osservò la folla dare offerte al tempio, disse ai suoi discepoli, *"poiché tutti vi hanno gettato del loro superfluo, ma lei, nella sua povertà, vi ha messo tutto ciò che possedeva, tutto quanto aveva per vivere"* e la elogiò. Non è difficile comprendere che più tardi la donna avrebbe ricevuto grandi benedizioni nella sua vita.

Secondo la legge del regno spirituale, il Dio della giustizia ci permette di raccogliere ciò che abbiamo seminato e ci premia in base a ciò che ognuno di noi ha fatto. Poiché Dio opera secondo la fede di ciascuno, secondo come crede nella Sua parola e obbedisce, dobbiamo comprendere che possiamo ricevere qualunque cosa chiediamo nella preghiera. Con questo in mente, possa ciascuno di voi esaminare il proprio cuore, curarlo diligentemente come un buon terreno, seminare molti semi, prendersene cura con perseveranza e con dedizione, e portare frutti abbondanti, nel nome del Signore nostro Gesù Cristo, per questo io prego!

Capitolo 6

Elia riceve la risposta di Dio dal fuoco

Poi Elia disse ad Acab: «Risali, mangia e bevi,
poiché già si ode un rumore di grande pioggia».
Acab risalì per mangiare e bere, ma Elia salì in vetta al Carmelo; e, gettatosi a terra, si mise la faccia tra le ginocchia e disse al suo servo: «Ora va' su, e guarda dalla parte del mare!» Quegli andò su, guardò e disse: «Non c'è nulla». Elia gli disse: «Ritornaci sette volte!» E la settima volta il servo disse: «Ecco una nuvoletta grossa come la palma della mano, che sale dal mare». Allora Elia ordinò: «Sali e di' ad Acab: "Attacca i cavalli al carro e scendi, perché la pioggia non ti fermi"». In un momento il cielo si oscurò di nuvole, il vento si scatenò e cadde una gran pioggia. Acab montò sul suo carro e se ne andò a Izreel.

―――――⚭―――――

(1 Re 18:41-45).

Elia, il potente servo di Dio, poteva testimoniare il Dio vivente e rendere possibile che gli Israeliti, adoratori di idoli, si pentissero dei loro peccati attraverso la risposta di Dio con il fuoco, che ha chiesto e ricevuto. Inoltre, quando non vi fu alcuna pioggia per tre anni e mezzo a causa dell'ira di Dio contro gli israeliti, fu lo stesso Elia che fece il miracolo di porre fine alla siccità, portando giù una pioggia pesante.

Se crediamo nel Dio vivente, proprio come Elia dobbiamo ricevere la risposta di Dio dal fuoco, testimoniando e dando gloria a Lui.

Esplorando la fede di Elia, il quale ha ricevuto la risposta di Dio dal fuoco e ha visto con i propri occhi il compimento dei desideri del suo cuore, proviamo a diventare anche noi figli benedetti di Dio che ricevono sempre le risposte dal loro Padre dal fuoco.

1. La fede di Elia, il Servo di Dio

In quanto eletti di Dio, gli israeliti dovevano adorare solo Dio, ma i loro re cominciarono a operare male agli occhi di Dio e ad adore gli idoli. Con il tempo Acab salì al trono, il popolo di Israele cominciò a fare sempre più del male e l'idolatria raggiunse il suo culmine. A questo punto, l'ira di Dio contro Israele si trasformò in una calamità di siccità durata tre anni e mezzo. Dio ha stabilito Elia come suo servo e per mezzo di lui manifestava le Sue opere.

Dio disse a Elia, *"Va', presèntati ad Acab, e io manderò la pioggia sul paese"* (1 Re 18:1).

Mosè, che ha portato gli Israeliti fuori dall'Egitto, in un primo momento disubbidì a Dio quando Egli comandò a Mosè di andare davanti al faraone. Quando a Samuele fu detto di ungere Davide, il profeta inizialmente disubbidì a Dio. Tuttavia, quando Dio disse a Elia di andare e mostrarsi ad Acab, il re che aveva cercato per tre anni di ucciderlo, questo profeta obbedì incondizionatamente a Dio mostrando il tipo di fede con cui Dio si compiaceva.

Poiché Elia aveva obbedito e creduto in tutto ciò che era la parola di Dio, per mezzo del profeta, Dio poteva manifestare ancora e ancora le Sue opere. Dio era contento della fede obbediente di Elia, lo amava, lo riconobbe come Suo servo e lo accompagnava ovunque andasse, e garantì ogni suo sforzo. Poiché Dio aveva certificato la fede di Elia, egli poteva resuscitare i morti, ricevere la risposta di Dio dal fuoco, ed essere assunto in cielo in un turbine. Sebbene v'è un solo Dio, che siede sul Suo trono celeste, il Dio onnipotente può supervisionare tutto nell'universo e permettere che la Sua opera abbia luogo ovunque Egli è presente. Come leggiamo in Marco 16:20, *"E quelli se ne andarono a predicare dappertutto e il Signore operava con loro confermando la Parola con i segni che l'accompagnavano"*, quando un individuo e la sua fede sono riconosciuti e certificati da Dio, i miracoli e le Sue risposte alla preghiera di questa persona sono accompagnati come un segno delle manifestazioni della Sua opera.

2. Elia riceve la risposta di Dio dal fuoco

Siccome la fede di Elia è stata grande e lui era abbastanza ubbidiente da essere degno di riconoscimento da parte di Dio, il profeta poteva audacemente profetizzare la siccità imminente in Israele.

Poteva annunciare a re Acab, *"Com'è vero che vive il Signore, Dio d'Israele, che io servo, non ci sarà né rugiada né pioggia in questi anni, se non alla mia parola"* (1 Re 17:1).

Dio già sapeva che Acab avrebbe messo in pericolo la vita di Elia che profetizzò la siccità, e quindi portò il profeta al torrente Cherit e gli disse di rimanere lì per un pò, ordinando ai corvi di portargli pane e carne al mattino e alla sera. Quando il torrente Cherit si prosciugò per mancanza di pioggia, Dio portò Elia a Sarepta e lasciò che una vedova gli fornisse il cibo.

Quando il figlio della vedova si ammalò, e la malattia era talmente grave che alla fine morì, Elia chiamò Dio nella preghiera: *"Signore, mio Dio, torni, ti prego, l'anima di questo bambino in lui!"* (1 Re 17:21)

Dio ascoltò la preghiera di Elia, riportò il ragazzo in vita, e gli permise di vivere. Attraverso questo incidente, Dio ha dimostrato che Elia era un uomo di Dio e che la parola di Dio nella sua bocca è la verità (1 Re 17:24).

La gente della nostra generazione vive in un momento in cui non può credere in Dio se non vede segni e prodigi miracolosi (Giovanni 4:48). Al fine di testimoniare il Dio vivente oggi, ognuno di noi deve essere armato con il tipo di fede che possedeva Elia, e prendersi carico di diffondere il Vangelo con coraggio.

Nel terzo anno della profezia in cui Elia disse ad Acab: *"Sicuramente non ci sarà né rugiada né pioggia in questi anni, se non alla mia parola:"* Dio disse al Suo profeta, *"Va', presèntati ad Acab, e io manderò la pioggia sul paese"* (1Re 18:1). Troviamo in Luca 4:25 che *"ai giorni di Elia, quando il cielo fu chiuso per tre anni e sei mesi e vi fu grande carestia in tutto il paese."* In altre parole, non ci fu pioggia in Israele per tre anni e mezzo. Prima che Elia andasse da Acab per la seconda volta, il re aveva cercato invano il profeta anche nei paesi limitrofi, credendo che Elia fosse l'unico colpevole per la siccità durata tre anni e mezzo.

Anche se Elia fosse stato messo a morte nel momento in cui si sarebbe presentato davanti ad Acab, obbedì coraggiosamente alla parola di Dio. Quando Elia stava davanti Acab, il re gli chiese: *"Sei tu colui che mette scompiglio in Israele?"* (1 Re 18:17) A tale domanda, Elia rispose, *"Non sono io che metto scompiglio in Israele, ma tu e la casa di tuo padre, perché avete abbandonato i comandamenti del Signore, e tu sei andato dietro ai Baal"* (1Re 18:18). Dichiarò la volontà di Dio al re, senza mai temere. Elia fece un passo avanti e disse ad Acab:*"Adesso fa' radunare tutto Israele presso di me sul monte Carmelo, insieme ai quattrocentocinquanta profeti di Baal e ai quattrocento profeti di Astarte che mangiano alla mensa di Izebel"* (1 Re 18:19) .

Poiché Elia era ben consapevole che la siccità aveva colpito Israele a causa del culto degli idoli da parte della sua gente, ha richiesto di lottare contro gli 850 profeti degli idoli, affermando, "Il dio che risponderà mediante il fuoco - è Dio." Poiché Elia credeva in Dio, il profeta mostrò a Lui la fede con la quale credeva che avrebbe risposto dal fuoco.

Poi disse ai profeti di Baal, *"Sceglietevi uno dei tori; preparatelo per primi, poiché siete i più numerosi; e invocate il nome del vostro dio, ma non appiccate il fuoco"* (1 Re 18:25). Quando i profeti di Baal non ricevettero alcuna risposta dalla mattina alla sera, Elia li schernì.

Elia credeva che Dio gli avrebbe risposto con il fuoco, e in letizia ordinò agli Israeliti di costruire l'altare e versare l'acqua sopra l'offerta e sul legno, e pregò Dio.

Rispondimi, Signore, rispondimi, affinché questo popolo riconosca che tu, o Signore, sei Dio e che tu sei colui che converte il loro cuore! (1 Re 18:37).

Allora cadde il fuoco del Signore e consumò l'olocausto, la legna, le pietre e la polvere, e prosciugò l'acqua che era nel fosso. Tutto il popolo, veduto ciò, si gettò con la faccia a terra e disse: «Il Signore è Dio! Il Signore è Dio!» (1Re 18:38-39).

Tutto questo è stato reso possibile perché Elia non ebbe il minimo dubbio quando chiese a Dio (Giacomo 1:6) e credeva di aver già ricevuto ciò che aveva chiesto in preghiera (Marco 11:24).

Perché Elia ha ordinato che l'acqua fosse versata sopra l'offerta e poi ha pregato? Siccome la siccità era durata tre anni e mezzo, l'acqua era il bene più scarso e la necessità più preziosa in quei tempi. Riempiendo quattro grandi vasi con acqua e versandola sull'olocausto tre volte (1 Re 18:33-34), Elia ha mostrato a Dio la sua fede, donandogli quello che era più prezioso per lui. Dio che ama chi dona con gioia (2 Corinzi 9:7) non solo ha permesso che Elia raccogliesse ciò che aveva seminato, ma ha anche dato al profeta la Sua risposta dal fuoco e ha dimostrato a tutti gli israeliti che il loro Dio era davvero vivo.

Appena seguiamo le orme di Elia e mostriamo a Dio la nostra fede, donando a Lui il nostro bene più prezioso, e ci prepariamo a ricevere le Sue risposte alle nostre preghiere, saremo in grado di testimoniare il Dio vivente a chiunque con le Sue risposte dal fuoco.

3. Elia porta giù una grande pioggia

Dopo aver presentato il Dio vivente agli Israeliti attraverso la Sua risposta dal fuoco e facendo sì che gli israeliti adoratori di idoli si pentissero, Elia si ricordò il giuramento che aveva fatto ad Acab -*"Com'è vero che vive il Signore, Dio d'Israele, che io servo, non ci sarà né rugiada né pioggia in questi anni, se non alla mia parola"* (1 Re 17:1). Egli disse al re: *"Risali, mangia e bevi, poiché già si ode un rumore di grande pioggia"* (1 Re 18:41), e andarono fino alla cima del Carmelo. Lo fece per adempiere alla parola di Dio: "Io manderò la pioggia sulla faccia della terra", e ricevere la Sua risposta.

Una volta in cima al Carmelo, Elia si accovacciò a terra e mise la faccia tra le ginocchia. Perché Elia ha pregato in questo modo? Elia era molto angosciato mentre pregava.

Attraverso questa immagine, possiamo presumere con quanto ardore Elia chiamò Dio con tutto il cuore. Inoltre, fino a che non riuscì a vedere la risposta di Dio con i propri occhi, non si fermò dal pregare. Il profeta incaricò il suo servo di tenere gli occhi verso il mare e fino a quando il servo vide una nuvoletta, grande come il palmo di una mano, Elia ha pregato in questo modo per sette volte. Questo è stato più che sufficiente per impressionare Dio e scuotere il Suo trono celeste. Poiché Elia ha portato giù una pioggia dopo tre anni e mezzo di siccità, si può presumere che la sua preghiera fosse estremamente potente.

Quando Elia ha ricevuto la risposta di Dio dal fuoco, ha riconosciuto con le sue labbra che Dio avrebbe lavorato per lui, anche se Dio non aveva parlato; ha fatto lo stesso quando ha portato giù la pioggia. Dopo aver visto una nuvola piccola come la mano di un uomo, il profeta ha inviato una parola ad Acab, *"Attacca i cavalli al carro e scendi, perché la pioggia non ti fermi"* (1 Re 18:44). Poiché Elia aveva la fede con cui poteva riconoscere con le labbra, anche se non poteva ancora vedere (Ebrei 11:1), Dio poteva operare in accordo con la fede del profeta, e anzi secondo la fede di Elia, in breve tempo il cielo sarebbe diventato nero con nuvole e vento, e ci sarebbe stata una forte pioggia (1 Re 18:45).

Noi dobbiamo credere che il Dio che ha dato ad Elia La Sua risposta dal fuoco e una pioggia tanto attesa dopo una siccità durata tre anni e sei mesi, è lo stesso Dio che scaccia le nostre prove e le nostre sofferenze, che ci dona i desideri del nostro cuore, e che ci dà le Sue benedizioni meravigliose.

Ormai, sono sicuro che vi siete resi conto che, al fine di ricevere la risposta di Dio dal fuoco, dare gloria a Lui e soddisfare i desideri del vostro cuore, sia necessario innanzitutto mostrare a Lui il tipo di fede con cui Egli sarà lieto, distruggere qualsiasi muro del peccato che sta tra Dio e voi, e chiedere a Lui qualsiasi cosa senza dubitare.

In secondo luogo, in letizia si deve costruire un altare davanti a Dio, dargli offerte e pregare con fervore. In terzo luogo, fino a quando non si ricevono le Sue risposte, si deve riconoscere con le labbra che Dio lavorerà per noi. Allora Dio sarà molto contento e risponderà alle vostre preghiere affinché diate gloria a Lui dal vostro cuore felice.

Il nostro Dio ci risponde quando lo preghiamo per problemi riguardanti la nostra anima, i figli, la salute, il lavoro, o di qualsiasi altra natura, e riceve la gloria da noi. Cerchiamo anche di possedere una fede come quella di Elia, preghiamo fino a quando non avremo ricevuto le risposte di Dio, e diventiamo Suoi figli benedetti, dando sempre gloria al nostro Padre!

Capitolo 7

Soddisfare i desideri del vostro cuore

Trova la tua gioia nel Signore ed egli
appagherà i desideri del tuo cuore

(Salmi 37:4).

Molte persone oggi cercano di ricevere risposte dal Dio onnipotente a tutta una serie di problemi. Pregano con zelo, digiunano, e pregano per tutta la notte per ricevere una guarigione, ricostruire le loro imprese fallite, mettere al mondo figli e ricevere benedizioni materiali. Purtroppo, ci sono molte persone che non riescono a ricevere le risposte di Dio e dare gloria a Lui, rispetto ad altri che ci riescono.

Quando non sentono Dio in uno o due mesi, queste persone si stancano e dicono 'Dio non esiste', si allontanano da Dio del tutto e iniziano ad adorare gli idoli, macchiando in tal modo il Suo nome. Se una persona va in chiesa ma non riesce a ricevere il potere di Dio e dare a Lui gloria, come può questa essere "vera fede"?

Se qualcuno professa di credere veramente in Dio, inoltre come Suo figlio, deve essere in grado di ricevere i desideri del suo cuore e realizzare tutto ciò che desidera durante la sua vita in questo mondo. Ma molti non ci riescono, anche se proclamano di credere. Succede perché non conoscono se stessi. Con il passaggio su cui si basa questo capitolo, cerchiamo di esplorare i modi in cui si potrebbero realizzare i desideri del nostro cuore.

1. In primo luogo, si deve esaminare il proprio cuore

Ogni individuo deve guardarsi indietro e vedere se crede veramente nel Dio onnipotente, oppure crede solo svogliatamente mentre dubita, o ancora ha un cuore furbo che cerca solo una qualche forma di fortuna. Prima di conoscere Gesù Cristo, la maggior parte degli individui trascorre la loro vita sia adorando gli idoli, sia confidando solo su se stessi. In tempi di grandi prove o di sofferenza, però, dopo aver realizzato che i disastri che hanno di fronte non possono essere risolti con la forza dell'uomo o dai loro idoli, si pongono domande sul mondo, sentono che Dio può risolvere i loro problemi, e finiscono per arrivare davanti a Lui.

Invece di fissare gli occhi sul Dio del potere, la gente di questo mondo semplicemente pensa dubitando, 'Lui non dovrebbe rispondermi se lo prego?' o 'Beh, forse la preghiera potrebbe risolvere la mia crisi.' Eppure, il Dio onnipotente governa la storia del genere umano, così come la vita dell'uomo, la morte, la maledizione e la benedizione, resuscita i morti e cerca il cuore dell'uomo; così Egli non risponde a un individuo con un cuore dubbioso (Giacomo 1:6-8).

Se si cerca veramente di soddisfare i desideri del proprio cuore, bisogna prima di tutto cancellare il dubbio e poi cercare la fortuna per il proprio cuore, e credere di aver già ricevuto tutto quello che si chiede al Dio onnipotente nella preghiera. Solo allora il Dio del potere donerà il Suo amore e permetterà a queste persone di soddisfare i desideri del proprio cuore.

2. In secondo luogo, bisogna esaminare la personale certezza della salvezza e la condizione della fede

In chiesa oggi, molti credenti sono soggetti a problemi nella loro fede. È molto straziante vedere un numero sorprendentemente elevato di persone che vagano spiritualmente, che non riescono a vedere a causa della loro arroganza spirituale, che la loro fede è diretta nella direzione sbagliata, e altri che non hanno la certezza della salvezza, anche dopo molti anni di vita in Cristo e di servizio per Lui.

Romani 10:10 ci dice: *"Infatti con il cuore si crede per ottenere la giustizia e con la bocca si fa confessione per essere salvati"*. Quando si apre la porta del proprio cuore e si accetta Gesù Cristo come proprio Salvatore, dalla grazia dello Spirito Santo che è data liberamente dall'alto, si riceve l'autorità come un figlio di Dio. Inoltre, quando si confessa con la bocca che Gesù Cristo è il nostro Salvatore e si crede con il cuore che Dio ha risuscitato Gesù dai morti, si diventa certi della propria salvezza.

Se non si sa con certezza se si è ricevuta o meno la salvezza, c'è un problema con la condizione della propria fede. Questo perché, se manca la certezza che Dio è il Padre e aver conseguito la cittadinanza celeste diventando Suo figlio, non si potrà vivere secondo la volontà del Padre.

Per questo motivo, Gesù ci dice: *"Non chiunque mi dice: 'Signore, Signore!' entrerà nel regno dei cieli, ma chi fa la volontà del Padre mio che è nei cieli"* (Matteo 7:21). Se il rapporto "Dio Padre-figlio (o figlia)" non è stato ancora posto in essere per un individuo, è naturale per quella persona non ricevere le Sue risposte. Anche se quella relazione ha preso forma, tuttavia, se c'è qualcosa di sbagliato nel suo cuore agli occhi di Dio, neanche in questo caso si possono ricevere le risposte di Dio.

Pertanto, se si diventa figlio di Dio che ha la certezza della salvezza e ci si pente di non vivere per volontà di Dio, Egli risolve ognuno dei vostri problemi, tra cui la malattia, il fallimento degli affari e le difficoltà finanziarie, e in tutte le cose opererà per il vostro bene.

Se cercate Dio per problemi che avete con i vostri figli, la parola della verità di Dio vi aiuterà a capire i problemi e le questioni che esistono tra voi e i vostri figli. A volte, i bambini sono da biasimare; più spesso, però, sono i genitori che sono responsabili per le difficoltà che hanno con i loro figli. Prima di iniziare a puntare il dito, se i genitori stessi per prima abbandonano la strada sbagliata e si pentono, se si sforzano di crescere i propri figli in modo appropriato e impegnano ogni cosa a Dio, Egli darà loro la saggezza e lavorerà per il bene di entrambi, genitori e figli.

Pertanto, se andate in chiesa e cercate di ricevere risposte alle difficoltà che avete con i vostri figli, alla malattia, alle finanze e simili, invece di decidere frettolosamente di digiunare, pregare o stare svegli tutta la notte, è necessario prima capire dalla verità cosa ha intasato il canale tra voi e Dio, pentirsi e allontanarsi da tutto questo. Dio allora lavorerà per il vostro bene, così come riceverete la guida dello Spirito Santo. Se non cercate nemmeno di capire, ascoltare la parola di Dio, o di vivere secondo essa, la vostra preghiera non porterà risposte di Dio.

Poiché ci sono molti casi in cui le persone non riescono a cogliere interamente la verità e non riescono a ricevere le risposte e le benedizioni di Dio, tutti noi dobbiamo soddisfare i desideri del nostro cuore, diventando sicuri della nostra salvezza e vivere la volontà di Dio (Deuteronomio 28:1-14).

3. In terzo luogo, bisogna compiacere Dio con le vostre azioni

Se qualcuno riconosce Dio Creatore e accetta Gesù Cristo come suo Salvatore, più scopre la verità e diventa illuminato, più la sua anima prospera. Inoltre, mentre continua a scoprire il cuore di Dio, può vivere la sua vita in un modo che è gradito a Lui. I bambini a due o tre anni di età non conoscono i modi per compiacere i loro genitori, ma nella loro adolescenza ed età adulta, imparano a compiacerli. Per lo stesso motivo, più i figli di Dio comprendono e vivono secondo la verità, maggiormente possono compiacere il loro Padre.

Ancora una volta, la Bibbia ci parla dei modi in cui i nostri antenati nella fede hanno ricevuto risposte alle loro preghiere compiacendo Dio. Come ha fatto Abramo a compiacere Dio?

Abramo ha sempre cercato e vissuto in pace e santità (Genesi 13:9), ha servito Dio con tutto il corpo, il cuore e la mente (Genesi 18:1-10), e obbediva a Lui completamente, senza coinvolgere i propri pensieri (Ebrei 11:19; Genesi 22:12), perché credeva che Dio poteva risuscitare i morti. Di conseguenza, Abramo ricevette la benedizione di Jehovahjireh o "il Signore provvederà," la benedizione dei figli, la benedizione delle finanze, la benedizione di buona salute e simili, e le benedizioni in ogni cosa (Genesi 22:16-18, 24:1).

Che cosa ha fatto Noè per ricevere le benedizioni di Dio? Era giusto, integro tra la gente della sua generazione, e camminò con Dio (Genesi 6:9). Quando il diluvio universale ha sommerso tutto il mondo, solo Noè e la sua famiglia potevano evitare il giudizio e ricevere la salvezza. Poiché Noè camminò con Dio, poteva ascoltare la voce di Dio e preparare un'arca e portare anche la sua famiglia per la salvezza.

Quando la vedova in Sarepta in 1 Re 17:8-16 ha piantato un seme di fede nel servo di Dio Elia durante la siccità durata tre anni e mezzo in Israele, ha ricevuto benedizioni straordinarie. Come lei obbedì nella fede e servì Elia con il pane fatto di una sola manciata di farina nella ciotola e un pò di olio del vaso, Dio la benedisse e mantenne la Sua parola profetica dicendo che *"La farina nel vaso non si esaurirà e l'olio nel vasetto non calerà, fino al giorno che il Signore manderà la pioggia sulla terra"*.

Poiché la donna in Sunem in 2 Re 4:8-17 aveva servito e trattato il servo di Dio Eliseo con la massima cura e rispetto, ricevette la benedizione di dare alla luce un figlio. La donna aveva servito il servo di Dio non perché voleva qualcosa in cambio, ma perché sinceramente amava Dio dal suo cuore. Non aveva senso per questa donna aver ricevuto la benedizione di Dio?

È facile dire che Dio deve essersi particolarmente deliziato con la fede di Daniele e i suoi tre amici. Anche se Daniele fu gettato nella fossa dei leoni per aver pregato Dio, ne è venuto fuori senza alcuna ferita perché aveva fiducia in Dio (Daniele 6:16-23). Anche se i tre amici di Daniele sono stati legati e gettati nella fornace ardente per non aver adorato un idolo, hanno dato gloria a Dio dopo esserne usciti senza una qualsiasi delle loro parti del corpo bruciata o anche solo bruciacchiata (Daniele 3:19-26).

Il centurione in Matteo 8 compiaceva Dio con la sua grande fede e, secondo la sua fede, ha ricevuto le risposte di Dio. Quando disse a Gesù che il suo servo era paralizzato e soffriva terribilmente, Gesù si è offerto di visitare la casa del centurione e guarire il suo servo. Eppure, quando il centurione disse a Gesù: *"di' soltanto una parola e il mio servo sarà guarito"*, e ha mostrato la sua grande fede e un grande amore per il suo servo, Gesù lo ha elogiato: *"Io vi dico in verità che in nessuno, in Israele, ho trovato una fede così grande!"* Poiché si ricevono risposte di Dio secondo la propria fede, il servo del centurione fu guarito in quel momento. Alleluia!

C'è molto di più. In Marco 5:25-34 vediamo la fede di una donna che soffriva di emorragia da 12 anni. Nonostante le cure di molti medici e il denaro speso, la sua condizione continuava a peggiorare. Quando ha sentito notizie su Gesù, la donna ha creduto che potesse essere guarita solo se ne avesse toccato i vestiti. Quando lei si avvicinò a Gesù da dietro e gli toccò il mantello, la donna fu guarita in quel preciso istante.

Che tipo di cuore possedeva un centurione di nome Cornelio in Atti 10:1-8 e in che modo ha - un Gentile - servito Dio, tanto che tutta la sua famiglia ha ricevuto la salvezza? Cornelio e tutta la famiglia erano devoti e timorati di Dio;

donavano generosamente a chi ne aveva bisogno e pregavano Dio regolarmente. Pertanto, le preghiere di Cornelio e i doni ai poveri erano arrivati come offerta commemorativa davanti a Dio e appena Pietro ha visitato la sua casa per adorare Dio, ogni membro della famiglia di Cornelio ha ricevuto lo Spirito Santo e cominciato a parlare in lingue.

In Atti 9:36-42 leggiamo di una donna di nome Tabita (che, tradotto, è Gazzella), che aveva sempre fatto del bene e aveva aiutato i poveri, ma poi si ammalò e morì. Quando Pietro, sotto la spinta dei discepoli, andò da lei, si inginocchiò e pregò, e Tabita tornò a vivere.

Quando i Suoi figli svolgono i propri compiti e compiacciono il loro Padre, il Dio vivente soddisfa i desideri del loro cuore e ogni cosa funziona per il loro bene. Quando crederemo veramente in questo fatto, riceveremo sempre le risposte di Dio durante tutta la nostra vita.

Attraverso consultazioni o dialoghi, di volta in volta ho sentito di persone che una volta avevano una grande fede, hanno servito bene la chiesa ed erano fedeli, ma poi hanno abbandonato Dio dopo un periodo di prova e sofferenza. Ogni volta, non ho potuto non sentire il cuore spezzato per l'incapacità delle persone di fare una distinzione spirituale.

Se le persone hanno la vera fede, non abbandoneranno Dio, anche quando sulla loro strada incontreranno una prova. Se hanno fede spirituale, saranno gioiosi, grati, e pregheranno anche nei momenti di prova e di sofferenza. Non tradiranno Dio, non si faranno tentare e non perderanno il loro piano in Lui. A volte le persone possono essere fedeli nella speranza di ricevere benedizioni o di essere riconosciuti dagli altri. Ma la preghiera della fede e la preghiera piena di speranza di casualità possono essere facilmente distinte dai rispettivi risultati. Se uno prega per fede spirituale, la sua preghiera sarà sicuramente accompagnata da azioni che sono gradite a Dio, e questa persona darà grande gloria a Lui per soddisfare uno ad uno i desideri del suo cuore.

Con la Bibbia come nostra guida, abbiamo esaminato come i nostri antenati nella fede hanno mostrato la loro fede a Dio e con quale tipo di cuore potevano compiacerlo e soddisfare i desideri del loro cuore. Poiché Dio benedice, come promesso, tutti quelli che lo compiacciono - Tabita è stato riportata in vita per come compiaceva Lui, la donna senza figli in Sunem è stata benedetta con un figlio per come compiaceva Lui, e la donna che è stato liberata dall'emorragia durata 12 anni per come compiaceva Lui - crediamo e fissiamo i nostri occhi su di Lui.

Dio ci dice, *"Dici: 'Se puoi!' Ogni cosa è possibile per chi crede"* (Marco 9:23). Quando crediamo che Egli può porre fine a ogni nostro problema, affidiamo completamente a Lui ogni problema che riguarda la nostra fede, le malattie, i figli e le nostre finanze, e se ci affidiamo a Lui, certamente Egli si prenderà cura di tutto questo per noi (Salmo 37:5).

Compiacendo Dio che non mente, ma compie ciò di cui Egli ha parlato, possa ognuno di voi soddisfare i desideri del proprio cuore, dare grande gloria a Dio e condurre una vita beata, nel nome di Gesù Cristo per questo io prego!

L'Autore:
Dr. Jaerock Lee

Il Dott. Jaerock Lee è nato nel 1943, a Muan, in provincia di Jeonnam, nella Repubblica della Corea. Intorno ai vent'anni iniziò a soffrire di varie malattie incurabili. Dopo sette anni di sofferenza e senza alcuna speranza di guarigione, non gli restava che aspettare la morte. Un giorno, nella primavera del 1974, fu condotto in una chiesa da sua sorella e come si inginocchiò per pregare, l'Iddio vivente lo guarì immediatamente da tutte le sue malattie.

Dall'istante in cui ha incontrato l'Iddio vivente attraverso quell'esperienza meravigliosa, lo ha amato con tutto il suo cuore e tutta la sincerità di cui era capace. Nel 1978 fu chiamato ad essere un servitore di Dio. Ha pregato intensamente con fervore e digiunando in modo da poter comprendere chiaramente la volontà di Dio, compierla totalmente e obbedire alla Parola di Dio. Nel 1982, ha fondato la Chiesa Centrale del Ministerio Manmin in Seoul, Sud Corea e compiuto innumerevoli opere per mano di Dio, incluse guarigioni miracolose e molti miracoli avvenuti nella sua chiesa da allora.

Nel 1986, Il Dott. Lee è stato ordinato pastore durante la Riunione Annuale della Jesus' Sungkyul Church of Korea, e quattro anni più tardi nel 1990, i suoi sermoni cominciarono ad essere trasmessi in Australia, Russia, e le Filippine. In breve tempo molti altri paesi sono stati raggiunti attraverso la Far East Broadcasting Company, la Asia Broadcast Station e la Washington Christian Radio System.

Tre anni più tardi nel 1993, la Manmin Central Church è stata nominata tra le "50 Chiese più grandi del mondo" dal periodico cristiano "Christian World Magazine" (Stati Uniti). Inoltre, il dott. Lee ha ricevuto un Dottorato Onorario presso l'università cristiana, "Christian Faith College", Florida, Stati Uniti e nel 1996 un Dottorato Ministeriale presso l'università teologica "Kingsway Theological Seminary", Iowa, Stati Uniti.

Dal 1993 il dott. Lee ha intrapreso la direzione di una visione missionaria mondiale esplicitandola attraverso crociate all'estero, di cui alcune svoltesi in Tanzania, Argentina, L.A., Baltimora, Hawaii e New York City degli Stati Uniti, Uganda, Giappone, Pakistan, Kenya, Filippine, Honduras, India, Russia, Germania, Perù, Repubblica Democratica del Congo, Israele e in Estonia.

Nel 2002 molte riviste e giornali cristiani in Corea lo hanno definito "pastore mondiale" in riferimento al suo lavoro missionario all'estero. In particolare ha riscosso particolare clamore la sua "crociata di New York", svoltasi nel 2006 presso il Madison Square Garden, la più famosa arena del mondo. L'evento è stato trasmesso a 220 nazioni. Poi, durante la storica Crociata Evangelistica in Israele , che si è tenuta presso il Centro Congressi Internazionale (ICC) a Gerusalemme ha coraggiosamente proclamato che Gesù Cristo è il Messia e Salvatore.

I suoi sermoni sono trasmessi in 176 nazioni attraverso canali satellitari, tra cui la GCN TV. Nel 2009 e 2010 è stato indicato come uno dei "Top 10 leader cristiani più influenti" dalla rivista cristiana russa "Nella Vittoria" e dall'agenzia di stampa Christian Telegraph, per il suo potente ministerio televisivo e per il ministerio svolto come pastore delle chiese oltreoceano.

A partire da ottobre 2013, la Manmin Central Church ha una congregazione di oltre 120.000 membri, con oltre 10.000 chiese affiliate in tutto il mondo, tra cui 56 domestiche, e più di 129 missionari presenti in 23 paesi, tra cui Stati Uniti, Russia, Germania, Canada, Giappone, Cina, Francia, India, Kenya e molti altri.

Alla data della presente pubblicazione, il Dr. Lee ha scritto 85 libri, tra cui i bestseller Gustare la vita eterna prima della morte, La mia vita, La mia fede I e II", Il messaggio della Croce, La Misura della Fede, Cielo I e II, Inferno, Risvegliati, Israele! e La potenza di Dio, tradotti in più di 75 lingue.

I suoi articoli sono presenti su diversi periodici e riviste cristiane, come Hankook Ilbo, il JoongAng Daily, il Chosun Ilbo, il Dong-A Ilbo, il Munhwa Ilbo, il Seoul Shinmun, The Kyunghyang Shinmun, The Korea Economic Daily, The Korea Herald, The Shisa News, e The Press Christian.

Il Dott. Lee è attualmente fondatore e presidente di un notevole numero di organizzazioni missionarie, oltre ad essere il presidente della chiesa "United Holiness Church of Korea", del quotidiano "Nation Evangelization Paper", delle missioni mondiali Manmin, fondatore e presidente della "Manmin TV", del "GCN", network coreano di televisioni cristiane, del "WCDN" il primo network mondiale di medici e dottori cristiani e del "MIS" il seminario internazionale del ministerio Manmin.

Altri autorevoli libri dello stesso autore:

Cielo I e II

Uno schema dettagliato dell'ambiente meraviglioso che i cittadini del cielo godranno immersi nella gloria di Dio, la Nuova Gerusalemme e il regno dei cieli.

Il Messaggio della Croce

Un messaggio potente e rinvigorente per tutti quelli che sono spiritualmente sonnecchianti. In queste pagine troverete l'amore vero di Dio e le ragioni per cui Gesù è l'unico Salvatore.

Inferno

Un accorato messaggio divino a tutto il genere umano. Dio desidera che ogni anima sia salvata e non precipiti all'inferno! Questo libro svela dettagli e racconti sulle crudeltà dell'inferno come mai sono stati narrati prima.

La Potenza di Dio

Una guida essenziale per il credente su come possedere la vera fede e sperimentare la potenza mirabile di Dio.

La Misura della Fede

Quale regno, quale corona e quale ricompensa sono state preparate per voi in cielo? Questo libro provvede, con sapienza e rivelazione, una guida alla comprensione del concetto di «misura di fede» per maturare nella tua fede.

Risvegliati Israele!

Perché Dio ha mantenuto i suoi occhi su Israele dal principio del mondo fino ad oggi? Che tipo di Sua provvidenza è stato preparato per Israele negli ultimi giorni, che attendono il Messia?

La Mia Vita, La Mia Fede I e II

L'autobiografia del Dott. Jaerock Lee. Un aroma spirituale fragrante per il lettore, che, attraverso la vita del pastore Lee, testimonierà dell'amore di Dio che ha rotto il giogo della disperazione più profonda.

Gustare la Vita Eterna prima della Morte

La testimonianza tratta dalle memorie personali del Dott. Jaerock Lee, che, nato di nuovo, è stato salvato dalla valle della morte per poi vivere una vita cristiana esemplare.

www.urimbooks.com

www.ingramcontent.com/pod-product-compliance
Lightning Source LLC
LaVergne TN
LVHW051955060526
838201LV00059B/3666